法国总统马克龙写给温明登的信
对本书中文版的出版表示祝贺

Ma Longue Marche en Chine

长征

我在中国的

[法] 雅克·温明登 著

彭未 蔡景瑞 译

人民东方出版传媒
People's Oriental Publishing & Media

东方出版社
The Oriental Press

1990 年，在法国陆军俱乐部举办的法国外贸顾问午餐会上，与
法国前总理希拉克（左）在一起交谈

1991 年，在时任法国总理克勒松夫人举办的欢迎中国副总理
邹家华的活动上，温明登作为克勒松夫人的顾问站在她的身后

2003 年，与时任驻法大使赵进军（左）合影

2004 年，与参议员、马赛市长让-克罗德·高丹（右）一起
参与活动

2005 年，与保罗·贝利耶（右）
在里昂–北京丝绸之路活动的出发仪式上合影

2005 年 5 月 27 日，在法国参议院卢森堡宫的花园中，
与前驻法大使吴建民先生（右）合影

2005 年 6 月 9 日，雷诺卡车的车队抵达北京后，
与里昂七区区长让-皮埃尔·佛拉科奈什（右二）合影

2007 年，与法国时任总理弗朗索瓦·菲永（右）合影

2008 年，与时任驻法大使孔泉（右）合影

2008 年，与法国国民议会议长
贝尔纳·阿夸耶（右）会谈

2008 年 12 月 10 日，在巴黎波旁宫（又名国民议会），
与众多工商界和政界人士合影

2009 年 10 月 30 日，在爱丽舍宫举办的欢迎中国商界代表团的
活动上与法国著名电视节目主持人洛朗斯·努瓦耶（左）合影

2009 年 11 月 12 日，法中学会晚宴

2011 年 3 月 25 日，与法国前总理拉法兰（中）和中国企业家
李建华（左）交谈

2011 年，在巴黎瓦格拉姆演讲厅演讲

2011 年，参加中国驻法国大使馆招待会

2011 年，与吕西安·巴里耶尔集团的代表团
访华，洽谈合作

2012 年，在法国参议院接待中国代表团

2014 年，与时任法国驻华大使白林（右）在北京合影

2014 年，在北京的邓小平故居前

2016 年，与时任法国驻华大使顾山（右）在北京合影

2019 年 3 月 4 日，在贵州省白志祥医院洽谈交流

2019 年 3 月 7 日，在贵州省考察农业项目

2020 年，与中国驻法大使卢沙野（右二）合影

目　录

第一章　发现中国

第二章　认识中国

第三章 在法国和中国之间

序言一

    温明登先生长期从事推动中法之间合作的工作，在长达60年的时间里，他访问中国200余次。通过这些访问，他获得了大量第一手资料，也做出了十分独到的分析，亲眼见证了这个古老国家的复兴。更为重要的是，他把中国人的活力和企业精神传递到法国，让我们学到如何焕发青春，推动我们进一步创新，并且努力研发更多新的产品。

    本书列举了很多鲜活的事例，具有很好的指导意义，能够帮助我们看清世界正在不断发展变化，也能帮助我们进一步解放思想、摒弃法国的陈规陋俗，牢牢抓住发展带给我们的机遇。温明登先生介绍给我们很多与中国人打交道的诀窍，这个国家正在迅速崛起，并逐渐成为世界大国。

    首先，持之以恒是非常重要的美德，要想了解和理解中国人、赢得中国人的信任、与中国人紧密合作，都离不开终始一贯的坚持。中国同任何国家一样，都把满足本国人民的需求和赢得国际尊重放在首位。持之以恒也是充分认识复杂事物的先决条件，能够让我们更加冷静和务实，是我们破除成见和避免莽撞的好方法。我认为，和中国人打交道一定要准备充分，三思而后行。

其次，我们必须有足够的同情心。温明登先生在本书中描述过：所谓同情心，不是过分地强调中国在高速发展过程中产生的风险或者是干脆不闻不问，而是应该站在执政者的角度去权衡轻重，更关键的是要看清事物发展的方向是否正确。

50 多年过去了，中国人民仍然牢记着戴高乐将军与中国建立外交关系的决策。法国政府在 1964 年 1 月 27 日发表的外交公报已经被证明是一个顺应历史潮流、富有远见卓识的举动，当然我们也不应该居功自傲。中国人至今对法国另眼相看，希望法中关系能够为人类的进步和人民间的友好关系做出更大的贡献。

温明登先生的著作向我们提出了要求，希望我们能够为中国做得更多、更好。感谢他的著作，更感谢他能够成为我们的楷模！

法国前总理

让-皮埃尔·拉法兰

序言二

近50年来，无论在新闻界、旅游界、学术界或者是商界，很少有像温明登先生这样如此接近中国的人，他的经历是独一无二的，也是异常丰富的。

温明登先生于1956年第一次到达中国，之后便开始不知疲倦地探索这个庞大而神奇的国度。他会见了各行各业的人物，也参与了众多的商业项目。通过他的著述以及他精心保存的照片和资料，读者可以随同他一起进入漫长的时光隧道，探知中国各个重要历史阶段的发展变化。

不过，我认为温明登先生代表联合国工业发展组织深入中国腹地乡村的章节，应该算是最精彩的部分。这些描述向我们展示了中国最真实的一面，同时也是困难、希望和进步交织在一起的当代中国的历史画卷。作者通过他长年累月的投入开辟了大量的渠道，与各行各业的合作者们结下了真挚的友谊，因此他反复提醒我们，法中关系具有高于其他一切的重要地位。

温明登先生承载了太多的责任。如今，他希望我们这一代人能够接过他手中的接力棒。对于那些举棋不定的人，他尽其所能，慷慨地提供了大量的建议，呼吁我们抓住一切机会更好地认识中国，同时也让中国更好地认识我们。他在书中谈到如何推荐上萨瓦省和勃朗峰的美丽风光等，我个人很受触动，自愧不如。

温明登先生的著作完全符合戴高乐将军的思路，排除一切干扰，努力将法中的友好关系在政治和战略层面推向新的高峰。稍微有些令人遗憾的是，法中关系很大程度上仍然建立在老一辈人的努力上（例如 20 世纪初，邓小平和周恩来在法国勤工俭学的经历），希望这本著作能够帮助我们构筑一个更加光辉的未来。

法国上萨瓦省国会议员、国民议会前议长

贝尔纳·阿夸耶

序言三

　　当我的朋友温明登把他的手稿寄给我时，我几乎一口气读完了。我早就知道这本介绍中国的书会是完全与众不同的，果不其然！

　　半个世纪以来，温明登已经不仅仅是中国的朋友了，他甚至可以称得上是中国的"情人"了。经过粗略的统计，自1956年以来，他每年要访华4—6次。

　　受益于众多参议员的支持，我得以连续25年荣幸地担任法国议会法中友好协会主席。在此期间，我得到了温明登和法中协会的大力支持和帮助。

　　温明登的著作无疑是奉献给广大读者的一道精神大餐，它展示了中国的过去和现状，从超级现代化的大都市一直到人迹

罕至的偏僻农村。处在不断变化发展的 21 世纪，要想把握中国
的未来，就有必要通过本书去了解中国的过去和现状。

法国参议员、法国议会法中友好协会主席

让·贝松

序言四

　　没有人比温明登先生更有资格向我们讲述中国在过去数十年逐渐崛起于世界舞台的过程了。

　　他往返穿梭于两国之间数百次，结交了无数中国的政界领导人和商界精英。他本人对中国的满腔激情，使他无比透彻地了解中国，从而能够完成这部无比珍贵的著作。

　　之所以说无比珍贵，是因为它极为罕见地展现了中国的伟大复兴过程。对法国企业家来说，这本书也同样珍贵，他们可以通过这本书了解中国的经济和文化，从而把握中国经济快速增长过程中的绝佳商机。

　　戴高乐将军在 1964 年 1 月 27 日发布的法中建交的公报，不仅建立了两国的正式外交关系，而且使两个伟大国家的关系发生了历史性转折。温明登先生在这之后巩固了法国一些城市与中国的紧密联系，这也是法中关系中十分重要的组成部分。

　　法国里昂就是其中的代表城市。早在 18 世纪，里昂就已经开始关注东方，并派遣了耶稣会传教士到东方。至 19 世纪末，里昂已经与中国建立了密切的商贸关系。里昂同时也是最早开办汉语和汉学教学的城市之一，当时由著名汉学家莫里斯·古恒教授执教。

　　在 1921 年到 1946 年间，里昂圣依雷内堡曾经接待了数百名中国留学生，其中包括周恩来、陈毅和邓小平。邓小平后来成为温明登先生的挚友。

　　这些历史说明，里昂一直将中国放在十分重要的位置上。今天，里昂有超过 150 家企业在中国设有分支机构，里昂的高等院校与中国大学签订了数十项校际合作交流协议。里昂市还与中国多个城市开展了多项文化交流活动，在这些城市中，里昂市与广州市结为友好城市。

　　里昂市十分珍视这些合作关系，并且将这些关系不断地深化、扩大和提高，这离不开温明登先生的大力参与。我代表全体里昂市民，向温明登先生表达最为诚挚的谢意。

里昂市前市长

热拉尔·科隆

序言五

自从 2016 年认识温明登先生，为帮助他重振法中协会，我以秘书长的身份加入；接着，为了开展贵州的项目，我与他一同前往中国。其间，我深切体会到了他的臭脾气。但是，这 200 余次的来回，却也见证了他对中国的深切爱意，于是对他的脾气，我不再介怀。

记得那次他牙齿疼痛，大家都知道，"牙疼不是病，痛起来真要命"，他痛到几乎几天无法进食。由于行程密集，我只能在跟各区域领导开会的时候替他偷偷针灸。会议桌下，他的脚上插着针，却强忍着疼痛，面带微笑地继续与贵州省领导会谈。为促进法中商业合作，他忘却了个人病痛。

记得还有一次为引进法国奶牛，在考察当地土壤情况时，他居然抓起一把草放入嘴里细细咀嚼，并且亲自品尝泥土。这种对事业认真对待、一丝不苟的精神，真是让我赞叹，有多少人能及啊!

他一路上同我讲了很多故事,讲他踏遍了中国各地,讲中国各个地区的风俗习惯等,让我佩服,也让我肃然起敬!温明登先生让我真真切切地了解到中国5000多年传统文化的精髓。他对中国的了解,居然比一些土生土长的中国人还多很多!

作为法籍华裔,我对温明登先生表示感谢。他见证了新中国的成立、发展和腾飞,他用自己经历过的点点滴滴,让法国人了解真正的中国,为法中友谊奉献了自己的大半生,打开了一扇通向光明之门!

祝法中友谊长存!

AFC 法中跨国文化交流协会会长、法中协会秘书长

蔡景瑞

前言

1964 年 1 月 27 日，戴高乐将军正式签署了与中华人民共和国建交的文件。从此，法国成为第一个与这个当时拥有 7 亿人口国家建交的西方国家。外交关系的建立，使法国再也无法忽视这个正在沉睡，但随时会被唤醒的古老国家。绝大多数法国人当时对中国几乎一无所知，中国在法国人眼中完全是个谜。戴高乐将军高瞻远瞩，从战略高度看出了两国合作的重要价值。半个世纪之后，事实证明了他当初的远见卓识。中国的人口在这近 60 年里翻了一番，达到了 14 亿；中国的经济总量已经跃居世界第二位，并且在诸多领域成为世界第一。

我第一次访问中国是在 1956 年，由于工作需要参加了广交会。8 年以后，我才得以再次前往。当时，他们还是比较偏爱他们的共产主义朋友：阿尔巴尼亚、古巴、苏联和东欧国家。

那时候，我们必须排在九个优先国家之后才能和中国谈生意。在这种谈判中几乎见不到法国人的身影。我一直希望法国人在中法建立外交关系后能够享受到红地毯待遇，但是我们当时不懂得怎样靠近中国人，即使偶尔为之，也往往南辕北辙。我本人付出了巨大的努力帮助我们的企业进入中国市场，但结果就像谚语中所说的一样：你可以把驴拉到河边，但是你不可能强迫驴喝水。

法国人没有占到什么便宜，但是其他国家的人却能从中受益，甚至包括一些激烈批评戴高乐将军对华政策的人。当时，法国人总是对中国感到恐惧，这是一种害怕探索未知世界的恐惧。

我第一次见到周恩来总理的时候，他曾经问我：法国人是否仍旧害怕所谓的"黄祸"？事实上，中国人完全有理由害怕我们法国人，因为我们曾经伙同英国人在火烧圆明园和鸦片战争中对中国大肆掠夺、进行殖民侵略。很多中国城市曾经有过的法国租界，就是上述罪行的证据。

尽管如此，今天的中国人对法国仍然十分欣赏和尊重，在他们眼中，法国是一个浪漫的国度，盛产作家、工程师和先进的科学技术。他们也很喜欢我们的奢侈品和葡萄酒，但同时又对我们平庸的销售技巧和谈判能力深表遗憾。与我们的竞争对手德国人、意大利人甚至英国人相比，我们经常表现不佳。

当邓小平先生带我参观深圳贫穷的渔村时，他用手指着香港对我说："我要在这里建设一座现代化城市，气气撒切尔夫人。"他的愿望早已实现，深圳已经是中国最为现代和繁荣的都市之一了。

他渴望能在有生之年看到英国国旗在中国香港降下。很遗憾的是，仅仅在中国收回香港前几个月的 1997 年 2 月 19 日，邓小平永远地离开了我们。

法国和中国的关系，非常像一场马拉松式的恋爱。戴高乐将军作为预言家是十分成功的。

今天，我们的大企业已经无处不在，但是中小企业仍然举步维艰。虽然中小企业在中法两国都创造了尽可能多的就业机会，而且中小企业的发展也是减少我们贸易赤字的主要动力，但到目前为止，依旧举步维艰。因此我们要努力推动两国间中小企业家们的相互接触，使之互相加深了解并开展更多合作。

最后，我祝愿法中友谊万古长青，也希望我们的后代能够在繁荣中庆祝两国建交一百周年。

温明登

法中协会主席

第一章

发现中国

1956 年 4 月，与加瓦太平洋公司董事长利姆（左）在广州

一个女巫的预言

1938 年时我只有 7 岁，我最好的朋友尼古拉·哥郎科住在巴黎第十六区的车尔诺兹街，他绝对是个诡计多端的家伙。

一个星期四的下午，那个年代星期四下午是没有课的，说好了我要去他家玩，后来我们去了马佑门附近的卢娜公园。这个公园后来被拆除，改建为巴黎会展中心。

依稀记得当时的我们好像没钱，或者钱不够，尼古拉这个滑头居然在公园后面的栅栏找到一个洞。我们像贼一样从这个洞钻到公园里面，小心翼翼地，以免被人抓住关到监狱里面去。我们在那里度过了一个美妙的下午，不花钱的事情当然都很过瘾。

我们看到公园里的展台上，有一个用碎玻璃做成的透明棺材，里面躺着一个身穿泳装的女人。我们好奇地凑到帘子边上，想看看里面到底有什么名堂。帘子后面是一个"预言女巫"，她号称可以预知未来。

女巫独自坐在一个阴暗的房间里，唯一的亮光是通过透明棺材照进来的。看到我们进来，她马上微笑着邀请我们走近一些。

她让我把手放到她脸旁的一块透明塑料上，沉吟片刻，然后笑眯眯但很笃定地告诉我："你会成为一个大旅行家，将来会周游世界，直到中国。"

我那时候压根儿就不知道中国在哪儿，更不知道中国是怎么回事。不过，我牢牢地记住了这个时刻，直到今天我仍然不能确定这个吉普赛女人是否真的影响了我的一生。1956 年，当我游历了很多国家后，准备第一次踏上中国的土地时，脑海中就闪现过这个念头：这个"该死的"女人还真说对了。

我在写下这些文字的时候，仍然能够回忆起她的面庞、黑眼睛和笑容，我甚至有些思念她。在我多达 228 次的访华旅途中，每次她的形象都会出现在我心中。我扪心自问：是否她就是让我如此眷恋我的第二祖国——中国的根源？

第一次接触香港

1956 年 3 月，我陪同我的老板——阿姆斯特丹加瓦太平洋公司董事长利姆先生去亚洲出差，那是我第一次去亚洲。此行的目的是完成每两年一次的采购任务，包括香料、竹子、木棉和藤条等，通常需要耗费几个月的时间。我们设定的行程中还包括参加 4 月 15 日至 5 月 15 日的广交会。

我们乘坐荷兰皇家航空公司的航班，先是经过安克雷奇到达东京，航空公司还向我们发放了飞越北极的证明。我们花了两个月的时间先后完成了在多个亚洲国家的采购，包括韩国、菲律宾、泰国和马来西亚，最终抵达了中国香港。

当时，想要进入中国，必须得到专门的批准，具体地说，就是需要持官方的邀请函到中国旅行社申请入境签证。一直到 1984 年，中国才向外国人开放了 14 个沿海港口城市。中国境内所发生的一切，只有只言片语被偶尔传递到外部世界。

中国香港当时还处在英国的殖民统治之下，自然与内地不同。从香港前往内地只有一列火车。离开车还有 48 小时的时间，我们既有时间在香港及其郊区观光，也有时间申请签证，当然需要官方出具的有编号的邀请函和预先购买的火车票。

1956 年 4 月一个阳光灿烂的早上，我乘坐的飞机在九龙的启德机场降落了。在中国话里，"九龙"就是"九条龙"的意思，而香港就是芳香的港口，启德机场作为香港的国际机场一直使用到1998 年。

中国香港的面积不大，陆地总面积只有 1106 平方公里，但它对英国来说具有十分重要的战略价值。香港是中国南方海上航线的中转港。1842 年，英国在第一次鸦片战争中战胜了晚清政府，通过签订的《南京条约》攫取到这块宝地。1997 年 7 月 1日，也就是 155 年后，中国才收回了这块固有领土。

香港岛面积只有 78 平方公里，占香港陆地面积的 7%。北部的九龙半岛（九龙界限线以北）与内陆相连，是英国在稍晚的 1860 年通过《北京条约》获得的。这块地区又被称为新界，包括了新九龙，它是于 1898 年以 99 年租约的形式租借给英国的，这就解释了为什么收回香港的时间定在了 1997 年。

在 1837 年到 1901 年的维多利亚女王时期，英国政府鼓励商船抢占外国领地。第一个到达香港的英国商人是威廉·渣甸，他自然抢占了他认为最好的土地。他与合伙人詹姆斯·马地臣共同创立了怡和洋行（Jardine Matheson），专营鸦片、棉花、茶叶和丝绸生意。第二个到达香港的约翰·施怀雅侵吞了所有剩余的部分。直到今天，这两个人创建的公司在香港仍然是无处不在的。施怀雅创立的太古公司是香港最大的航空公司——国泰航空公司的大股东。

一直到 1997 年之前，驻港英军司令部每个星期天都会鸣响 21 声礼炮，这笔费用就是由威廉·渣甸支付的。1997 年 7 月 1 日香港回归中国后，中国政府根据邓小平的思路，推行了非常适合香港地区特点的"一国两制"方针，在此基础上成立了中华人民共和国香港特别行政区。

2012 年，香港人口超过 700 万，不仅是中国最富有的城市之一，也是经济自由化程度最高的城市。它不仅保留了自己的金融和法律体系，甚至还保留了自己的货币——港币。

当我乘坐的飞机从云层中钻出来时，让我大吃一惊的是，飞机似乎正在冲向大海，机翼几乎紧贴着山峰，远处雾霾中隐约可见青翠的山峦。突然，飞机机翼擦着楼房的一边转向另一边下降，好像要把阳台上晾晒的衣物都挑下来似的。跑道几乎是从海里浮现出来的，飞机是在冲到海水前的最后时刻才刹住停稳的。哎呀！我们终于安全抵达了。

一下飞机，我首先嗅到一股从来没有接触过的气味，这是香料与鱼干气味的奇特混合。直到出租车停在我们下榻的一个位于九龙的小酒店之前，我始终处在完全不能适应的状态中。酒店房间的空气令人窒息，而且十分潮湿。房间很简陋，有一张看上去很硬的床，一个不知道能不能使用的淋浴间，还有大群的蚊虫。还好，有自来水。我的老板似乎见怪不怪，没觉得有什么不便。也难怪，酒店的老板是个印尼华侨，好像跟他熟识。在这种情况下，我只好保持沉默。

市中心的魔幻场景

利姆先生和我一起足足在香港逛了两天。一到港口，我就四处寻找码头。令人吃惊的是，港口里根本没有码头，船舶都停在港湾里，由无数的平底驳船和帆船围绕着装卸物资。各种大小不一的船只互相混杂，看上去像是一座城市，船舶中间的水道就像城市的大街小巷。货物的装卸是不分昼夜、从不间断的。我很纳闷，港务局在这种混乱的局面下如何行使海关职能呢？很难想象在英国人的治理下会出现这样难解的谜，他们怎样才能掌控局面呢？

这个典型的中国港口和我事先想象的相差不大，一半是渔港，一半是城市，天一黑就挤满了船只。有的人家全家都住在舢板上，老年人甚至根本不打算离开他们当作祖居的舢板。我见到一位80多岁的老妇人，她居然从来就没有上过岸，真是难以置信！

后来，我又逐渐发现了舢板的其他用途。有一种舢板的名字很好听，叫作"花船"，专指在水上经营的风月场所，像在阿姆斯特丹一样。这种舢板有区别于普通舢板的明显标志，船头上有一盏红灯笼，当灯笼点亮时，意味着船上有客人。有专门的出租船，在不同的驳船和商船之间穿梭；还有很多水上餐厅，可以提供非常美味的虾和螃蟹。

离开香港港，我们又去了更南边的一个港口——香港仔。这里与香港港相比，反差非常巨大。香港仔临近两个港湾：深水湾和浅水湾。这里有上好的沙滩和清澈的海水。英国人非常喜欢这里，不仅经常光顾，还建设了一个十八个洞的高尔夫球场。经常光顾深水湾的还有鲨鱼，我朋友 Johnsin Yau 的儿子就是在这里命丧鲨口的。

"水上城市"香港仔

到了市中心，我又一次吃了一惊。这次是被建筑物之间的反差所震惊，在超级现代的大厦旁边簇拥着很多又小又简陋的中式建筑。紧挨着高楼大厦，挤满了各种小商铺和汤粥店，这些店铺工作紧张、客户众多，出售的商品也琳琅满目、无所不包。店主们不仅在这里工作，往往也居住在店铺里。

为了拿到赴广州的签证，我们不得不再等一天。翌日，利姆先生决定带我去九龙转转。要想去九龙，必须搭乘天星公司的渡轮，再花上几分港币和很少的时间，然后穿过一道狭窄的海峡即可到达。

后来我才知道，摆渡到夜间就停运了。对于那些事先没有准备的夜行客，唯一横跨海湾的办法就是呼唤在海湾中游荡的"出租船"。我乘坐过好几次这种船，在漆黑一片的夜晚悄无声息地滑行在海面上，时至今日仍然令我记忆犹新。

两天后旅行证件全部齐备了，我们马上启程，乘坐火车前往广州。我们必须在深圳罗湖口岸入境。检查证件后，再换乘另外一列火车。这个复杂的换车程序是中国和英国不同宽度的火车铁轨轨距造成的。

我后来又来过香港很多次，每次都有惊人的变化发生，尤其是看到各种交通工具都得到了快速发展。很多形形色色的人物都在这里取得了商业上的成功。我认识一个中法混血儿爱德华，他来自毛里求斯，经营的生意五花八门。有些生意很古怪，我觉得它们或许能够代表 1956 年的香港。

他开办的公司叫"爱德华服务"，是来往于香港的法国人的最爱，法航的乘务组也经常去那里。"爱德华服务"可以提供你能想象到的任何东西：量体缝制的服装、丝绸制品、刺绣，还有很多别的产品。

爱德华还开办了一所培训 12 岁到 15 岁孩子的扒手学校！太不可思议了！他居然还带我参观了这所学校，给我讲解学校的基本课程。之后不久的两件事情更加让我感到震惊。第一次是在往返九龙和香港岛的渡轮上，我的手表在毫无知觉的情况下被偷走了，这说明这所扒手学校名不虚传。第二次同样发生在天星公司的渡轮上，不过这次被偷的是我的钱包。我懊悔不已，因为我早就知道不能把钱包放在裤子后面的口袋，当时居然忽视了这个风险。

在警察局，接待我的警察是个面色红润的胖子，红棕色头发，留着一撮汤姆逊少校式的小胡子。他哈哈大笑着告诉我报案毫无用处，因为根本不可能找到钱包。

我抱着试试看的想法把这件事情告诉了爱德华。他也是哈哈大笑，挖苦我说早就提醒过我了，因为他比谁都了解他的学生们的技巧，自然也更能提醒他的朋友们小心，否则就会变成他的学生们光顾的"顾客"。不过出于"友情"，他还是询问了我航班的细节，以及丢失物品的基本特征。

他嘲讽地说："晚上再来看看吧，很难说哦！"

我当天晚上再去找他时，他把我带到自己的小办公室里，仔细地关好了门，打开一个抽屉，从中拿出一个钱包递给我："这大概是你的吧？看看有没有少什么！"

我顿时目瞪口呆，这真是我的钱包。

殖民统治下的走私

我每年两次的广交会之行，都要在香港停留一些时日。鉴于我努力地发展在当地的商务关系，很自然地，我成为九龙的法国香港公司的合伙人。我的合作伙伴是出生在努美阿的 Johnsin Yau，他同时也是我的好朋友。

有一天，一个叫潘克拉奇的人找到我，他是法国海关调查局的处长。他希望我能够协助政府工作，帮忙调查从香港或其他地区进口的货物情况。

就是通过这项工作我才了解到，由于法国政府对进口纺织品课以重税，走私的规模十分巨大。对这些商品的进口实行配额制，由相关欧洲国家根据配额发放进口许可证。这个制度源于对本国工业的保护，得到了《罗马条约》关于纺织品贸易的认可。

问题的复杂度在于欧洲国家之间存在的政策差异，例如法国、联邦德国、英国和葡萄牙关于纺织品进口的政策都不一样，亚洲的纺织品生产国的政策也不尽相同。

香港当时还在英国的统治之下，澳门在葡萄牙的统治之下，这两块"弹丸之地"成了中国纺织产品出口的集中地。澳门由于缺乏深水良港，无法停泊大型货轮，只能通过驳船转运。香港的航运条件要好得多，大批货物在码头上不分昼夜地装卸。

　　我在前文中曾经提到，第一次到香港时，我看到数以万计的大量货物由人力在驳船之间转运，货轮周围驳船的数量都快赶上苍蝇了。在这种情况下，怎么可能有效地进行海关管理呢?

澳门和香港之间的摆渡船

　　在当时，澳门与香港一样积极参与了上述走私活动。在走私活动中，部分葡萄牙官员也积极参与，其中还包括一些当地商务部门的高级官员。这些冒险的贪腐行为已经不仅仅局限在远东地区，部分西方国家也受到一定程度的影响。贪官由于没有受到任何惩罚，其胃口也越来越大。在这种情况下，当然不可能查处任何大案了。

走私造假严重影响了中欧之间的正常贸易秩序。澳门的商务处长采取了一个十分聪明而且有效的举措，他故意混淆了货物的原产地。我曾经专门向法国海关总署撰写了报告，解释为什么无法判断从澳门工厂出口的产品的原产地。澳门属于中国，却又在葡萄牙统治之下，那这些产品到底是"葡萄牙制造"还是"中国制造"？根本说不清楚！

我本人曾经造访过葡萄牙的数个纺织厂，这些纺织厂的生产能力非常有限，与账面上的巨大出口额完全不相称。

为了打击这种走私行为，巴黎和里斯本达成协议，要求在工厂出产的包装上打上铅封。这个措施很有效，但是时间不长，几个月以后，出口量很快就"恢复"到之前的水平了。

不需要什么特别的手段，当地的黑社会只需要买通负责铅封的官员，让他多次使用同一个铅封号码，整个设计就毫无用处了。走私的利润重新上涨。

当地的地形也十分有利于走私，珠江入海口、澳门和香港构成一个边长为60公里的等边三角形，其间散布着很多小岛。当地落后的海运手段和用帆船转运货轮货物的做法也使走私更加轻而易举。帆船都长得一模一样，而且运输都是在夜里进行，根本不可能杜绝走私。

货物打上假铅封之后可以领取伪造的出口证明，再加上欧洲各自由港的配合，包括汉堡、安特卫普、鹿特丹和巴塞罗那，走私货物得以畅行无阻。后来，澳门的葡萄牙小官员的花招被识破，他被召回了海外事务部。

　　在英国殖民当局的默许下，香港在一定程度上成了各种走私活动的集散地。当时是中国产品进入欧洲的开始，法国等国设计的配额体系受到了冲击。我们都记得，当年我们蒸蒸日上的纺织工业被突然大量涌入的不知道哪里生产的纺织品打得一败涂地。

中国的势力范围

我在香港的其他一些见闻，或多或少都能说明中国人从来没有真正离开过香港，实际上掌握着局面。

当时正处在越南战争时期。一天早上七点，当我推开酒店房间的窗户时发现，对面海湾里停泊着十余艘美国军舰。街上乱成了一锅粥，大家都在猜测美国即将入侵中国。事实上，这只是美国第七舰队的一部分军人上岸休整，这些人在丛林中度过了好几个月，他们只是想到湾仔的娱乐场所放松一下。

可等我上班到达办公室后，我的员工们却告诉我，这些美国军舰中午以前就会离开。这怎么可能呢？他们大半夜才到达，怎么会第二天就离开呢？而且我的员工又怎么如此确定地知道这件事情？实际情况是，上午九点，中国银行的一名职员将一个信封递交给了英国总督，内容是中华人民共和国的最后通牒：假如"美国侵略者"不在中午之前离开，将被视为战争行为。所以十二点一到，美国第七舰队就拔锚启航了。

我后来又听说，有上百名志愿者游到军舰旁安装了无数的水雷。我有一个朋友叫维涅，他开了一家法国餐厅"诺曼底洞"，我们晚上经常去那里玩儿纸牌，顺便来点儿茴香酒、奶酪和红葡萄酒，这件事情一直作为茶余饭后的谈资在餐厅里保留了很长时间。

在结束有关香港的章节之前，我想提一下曾荫权。他是一个眼界非常开阔的人，从 2005 年 6 月 21 日到 2012 年 6 月 30 日担任香港特别行政区行政长官一职。他出生于 1944 年，曾长期在英国行政当局工作。在担任行政长官之前的 2001 年到 2005 年，他一直担任香港特别行政区政务司司长的职务。

2006 年 11 月，曾荫权与时任广东省省长黄华华共同赴法国，参加"粤港—欧洲经贸合作交流会"。他们在巴黎会展中心的剧场大厅里受到当时法国财政、金融与工业部部长弗朗索瓦·鲁斯和中国驻法大使赵进军的热情欢迎。超过 300 名中国企业家和数百名欧洲企业家参加了这次盛会，会上还展现了"泛珠江三角洲合作"的内容，其中包括香港、澳门和中国南部的四个省，涉及人口超过 4.5 亿。

中国和法国为促进和加强双方之间的合作，一直在进行着坚持不懈的努力，但是成果却不尽如人意。虽然双方组织了大量的会议和访问，但行动却很少落到实处。在后面的章节我会更加详细地讨论这个问题。

我再去香港的时候多少带着点儿怀旧的情绪。如今，飞机已经不会降落到启德机场了，漂亮的新机场坐落在大屿山赤鱲角。原来挤满了帆船的香港仔现在成了超级豪华游艇的停泊地。保留给游客的只有两家水上餐厅了。真遗憾！

"文化大革命"时期的广交会

对我来说，在"文化大革命"时期参加广交会完全是一种"冒险"。当时，美国公民和中国台湾的商人一律不得参加，广交会上也见不到任何记者。参展的厂商必须准确地申报自己携带的外汇数量，而且不允许携带美元。首饰和贵重物品也必须申报，出入境时必须出示。外国人不能接受任何人送的任何物品，还要时刻提防有人偷偷把东西塞到行李里，例如报纸、杂志等。

当我们从香港出发，抵达罗湖口岸时，有军队在界桥上值守。我们一手提着自己的行李，一手拿着护照、邀请函和中国旅行社的文件，在太阳下排着队，顺着弯弯曲曲的道路前行。道路两边都是铁丝网，我们还得不时在台阶上爬上爬下。

忍受着酷热，我们终于到了一个小剧场式的房间，里面有一个讲台和一些木头长凳。在那里我遇到了一个法国人——雷蒙·克莱克，他来广交会是为了采购山羊皮。

几个"红卫兵"、军人和干部来到我们面前，用英语朗诵了一段毛主席语录。随后，又给我们放映了一段中国的黑白电影，回顾了中华人民共和国 1949 年的开国大典、长征的故事和蒋介石领导的国民党败退台湾等。

过了三个小时，我们才被允许登上开往广州的火车。这列火车只有三节装饰豪华的车厢，全部是铺垫了蕾丝花边座垫的软座车厢。车厢里还在播放毛泽东和他的革命战友的画面，画面中的景色十分优美，山峦起伏，农田和牧场交错，有时还有迷人的海滩，还有毛泽东畅游长江和北戴河的镜头。

40 公里的路程，火车开了大约两个半小时。乘务员穿着蓝色的制服，佩戴着带有红星装饰的臂章，拎着一个与豪华车厢很不相称的白铁壶，来来回回地给乘客倒水。

广州到了！

穿过月台狭窄的出口，我们发现自己排在一条长龙的后面。好不容易轮到我们，还得逐个向两名士兵出具旅行证件。他们非常仔细地检查后才让我们进入等候大厅。

所有参加广交会的外国人被分成大约 30 人一组的小组，分别登上专门用来接待外国人的开往东方饭店的大客车。参加广交会的外国人很多，我们坐在箱子上等了一个多小时，才终于听到有人叫我们的名字。我们交出了只有在离境时才能取回的护照，一个工作人员递给我们每人一张小纸条，上面写着我们的房间号码。

我到现在还记得，我的房间号码是 402。雷蒙·克莱克被分到另外一个楼层，好像是在刻意避免我们的房间相邻。由于没有电梯，我只好提着箱子爬上楼梯。一个楼层服务员根据小纸条上的号码把我带到房间。

房间里的陈设很简单，一张带有蚊帐的床，一个吊扇和一个洗脸盆。下午五点半，我们准时来到餐厅就餐。就餐的外国人有1000多人，人太多了，等把汤端到桌子上时都已经凉了。

晚上九点，熄灯！也就是说，一下把电闸都关闭了。吊扇也不转了，蚊子好像早在等着这一时刻，排着队开始发起了进攻。我试图躲到蚊帐里面，结果更糟糕，十几只蚊子早在里面等着我自投罗网呢。天又热又潮，我难受得要命。

好不容易熬过了漫长的黑夜，第二天一早，我被《东方红》乐曲唤醒了，太了不起了！

虽然广交会会场离得并不远，我们还是要乘坐十几辆大客车前往会场，绝对禁止步行去。几分钟后，我们这些白人，这些"美帝国主义的帮凶"，被一大群人发现了，他们立刻冲了过来。我们的大客车被愤怒的群众团团包围起来，寸步难行。有些"红卫兵"用石块砸碎了大客车的玻璃窗，他们把侧面的车窗打碎后又开始砸挡风玻璃。我当时一度绝望了，觉得会死在这些人手里。最后，来了一小队解放军把我们解救了出来。这些士兵把我们送回了酒店。如果没有这些解放军战士，我想我们至少要被暴揍一顿。

在酒店里，气氛骤然紧张起来。一些外国客商决定结账离开，但我坚持留了下来。穿白制服、戴红臂章的楼层服务员狠狠地盯着我，她旁边站着一个军人。

那天没有提供午餐。我走出房间想找点儿吃的，一个士兵示意我回到房间。一直到晚上，才有人送来一碗米饭和一份汤。

夜晚降临了，依然没有电，自然也没有电风扇了，又是成群的蚊子和难熬的酷热。好难过的夜晚啊！我依然记忆犹新。疲劳最终占了上风，我昏睡了过去。也不知道过了多久，我在睡梦中依稀觉得身边有人，睁开眼发现房间被几只蜡烛的昏暗光线照亮了，离床几步之遥的地方站着一群人。我本能地用床单遮住身体，一个尖厉的声音用标准的法语质问我：

"赶快承认你是美国特务！"

"不是，我是法国人。我像往年一样是来广交会采购的。"

他们好像对我的回答还挺满意，不再紧追不舍了。

"回答得不错。你好好听我们给你解释！"

后面的谈话变得比较正常了，不过似乎冗长得没完没了。我偷偷瞥了一眼手表，那是凌晨三点。他们这么谈真是累死人了：

"你们为什么要半夜谈这些？我们明天早上再谈不好吗？"

他们的回答非常生硬：

"伟大领袖的思想不分白天黑夜！"

"你如果不支持我们，就是我们的敌人！"

我明白和他们争辩是徒劳的。他们终于走了，不过那天晚上我无论如何再也睡不着了。

1966 年的广交会

1966 年的广州街头

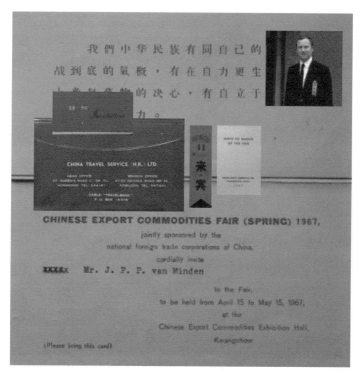

1967 年，外国人要想参加广交会，必须事先获得批准

1967年的广交会会场外

1967年，广州街头的宣传标语

基辛格，尼克松

在 20 世纪 70 年代的北京，除了紧邻天安门这个核心区域的北京饭店以外，能让外国人下榻的酒店非常少。我也经常住在这家酒店，酒店的一部分后来被改建成贵宾楼，我曾经在这里和邓小平一起打过桥牌。

有一次在这家酒店的西餐厅里用午餐的时候，我惊讶地发现坐在我对面的是亨利·基辛格。我当然知道他是谁，就主动过去打招呼并做了自我介绍。我好奇地问他，中美之间曾经长期对抗，难道他不担心自己的安全问题吗？他说自己是应邀与周恩来总理谈判的，意在缓和两国关系，也希望通过这次会谈安排毛泽东主席与尼克松总统见面。

亨利·基辛格出生于 1923 年，是一个德国犹太人。他是尼克松总统的好朋友，也曾给之后历任美国总统在中国问题上建言献策。他在 90 多岁高龄时，虽然很少出门，但仍然和中国保持着紧密的接触。

我们后来还有过多次会面，关系一直非常友好。1971 年 7

月，他与周恩来总理进行了多次会谈。后来他告诉我，会谈非常成功。他已经安排好了尼克松总统的访华计划以及与毛主席的见面，这次访问在当时是不可思议的。他答应我，如果尼克松总统访华期间我恰好也在北京，他会安排我参加会面活动。

1972 年 2 月 21 日，尼克松总统抵达北京，那天我刚好也在。美国代表团下榻在专门为外国领导人准备的钓鱼台国宾馆。毛泽东主席在中南海会见了尼克松总统，这是举世瞩目的大事件。

亨利·基辛格把我介绍给理查德·尼克松总统和他的夫人帕特里夏。中美两国领导人的私下会谈我当然没有参加，不过那个时刻我永生难忘。

1978 年 12 月 16 日，中美双方同时发表了《中美建交公报》。两国于 1979 年 3 月 1 日互派大使，并建立大使馆。美国前总统乔治·赫伯特·布什曾于 1974 年受时任总统福特委派，任美国驻北京联络处主任。

与邓小平相识

1980 年，由于一个非常偶然的机会，我见到了后来被称为"中国改革开放的总设计师"的邓小平。

在中国的夜晚我常常无事可做，就找到几个牌友打起了桥牌。一天，一个牌友说要组织一次桥牌比赛，参赛者中有些是高手，他推荐我也参加。

那天下午，我到达比赛现场，发现只有我一个外国人，其他上百名选手都是中国人。牌桌都已经支好了。那个年代的中国还没有名签，我完全不知道应该坐到哪里。我就这个问题向比赛的组织者求援，他让我放心，说会给我找一个至少会说英语的搭档。

选手们都纷纷找到自己的座位坐下了，只有我还傻乎乎地站着。这时候，比赛的组织者笑眯眯地走过来通知我：

"比我期望的更好，你的搭档能说一点儿法语。"

他揶揄的表情让我忐忑不安。当他带我走到邓小平面前的时候，我立刻恍然大悟。我要跟中国的最高领导人搭档打牌！当然了，我马上认出了他，高兴得差点晕过去。能够与邓小平面对面相处好几个小时，真是令人难以置信。

他的法语不太流利，不过完全能听懂。他见到我后露出了微笑，面容慈祥且充满睿智，一上来就跟我说"非常高兴能够聊聊法国"。

他向我讲述了自己 1920 年抵达法国时的情景，当时他只有 16 岁，正在法国开展勤工俭学活动。他和 80 位同学从上海登上邮轮，后来与周恩来一起到达里昂。他们当时的宿舍被秘密安排在圣伊雷内要塞，后来圣伊雷内要塞被改建成中法大学。数年后，我在此安放了一块纪念标牌。为了这块纪念牌，我大费周章，这是后话。

邓小平个头不高，烟抽得很凶，而且他只抽中国的熊猫牌香烟。他使用一个小烟嘴，基本上是一支接着一支地抽。在里昂的时候，他抽法国的高卢人牌香烟，如果断货了，有时也抽茨冈牌的。

比赛开始了，我们打得很顺手，几乎每场必胜。他在牌桌上是一个可怕的对手。我一度怀疑我们的对手有故意放水的嫌疑。后来我才发现，他根本不需要对方故意相让，因为他不仅牌技一流，而且记忆力超群。这样的人，自然永远是赢家。

比赛结束后，他把我留下，让我做个自我介绍，包括来中国的目的和主要业务。当听说我父亲和他同龄，都是 1904 年生人时，他有点吃惊，然后说了一句我终生难忘的话：

"我的年龄都可以做你的父亲了。"

他好像对我们这次的偶然相识感觉挺满意，临别的时候说希望能够再次见面，继续打桥牌，而且还能和我用他已经忘得差不多的法语聊天。

后来我每次去中国，基本上都有机会和他切磋牌技，就这样过了很多年。每次，他都饶有兴致地和我谈论法国的情况。一次，他向我要里昂圣伊雷内要塞里中法大学校址的照片，作为他在里昂生活的纪念。我满口答应。

就是这一次，他与我谈到了去巴黎之前的经历。他在里昂起草了很多关于中国共产党的宣传材料，并且希望向在法国工作和学习的中国工人和学生散发，宣传小册子油印了上百份。

他也曾经谈起过在蒙塔日附近的查莱特市工厂工作的经历，他在那里的套鞋和胶鞋车间干活，生产鹰牌套鞋和胶鞋。后来麻烦就开始了，资助他留学的学会解散了，他暂时回不了国。为了糊口，他还在克鲁梭的轧钢厂工作过，后来又到了布洛涅-比扬古的雷诺组装车间。

在那里，他遇到了年长 6 岁的周恩来。他们在巴黎一起住在意大利广场旁边的小公寓里，同住的还有另外一个中国学生。今天，人们可以在巴黎十三区的高得孚瓦饭店的外墙上看到周恩来的浮雕像。

我的大部分同胞都不知道这段历史，这也是我要积极寻求在里昂圣伊雷内要塞的外墙上安放纪念牌的原因。我在 2004 年邓小平诞生一百周年之际就努力过。虽然得到了里昂市长热拉尔·科隆布先生的支持，不过听说中国大使赵进军先生也要出席，中法大学校长却提出了反对意见。

尽管当地的《里昂进步报》也刊登了相关报道，这位校长却从来没有松过口。后一任校长则干脆装聋作哑了。圣伊雷内要塞原来是军队财产，由国防部管理，后来才转到教育部，也许这能解释校长的态度。

要塞依然维持着原貌，我也依然没有放弃我的愿望——在学校石头拱门上安放纪念牌。现在，这座拱门上写有中文和法文的"中法大学"字样。这是我们两国的历史，中国最重要的领袖之一曾经到过法国多个地区，并且对这片土地有着深刻的记忆。1926 年 1 月，在法国生活 6 年之后，邓小平离开法国去了莫斯科学习。直到 1927 年，他才回到中国。

1980 年，我有幸与他一起打桥牌。我还曾经在广交会期间在深圳遇到过他。他带我参观了这个当时贫穷的小渔村，并且手指香港的方向对我说：

"我要在这里建设一座现代化城市，给那些英国人看看，他们当年带给中国多少苦难！"

今天，我们可以说他的愿望已经超额实现了。深圳经济特区成为亚洲最为现代化的城市之一，拥有集装箱码头、地铁、高尔夫球场、海滨浴场和高档酒店。在能够俯瞰整座城市的公园中，有一座邓小平的铜像。他完全有资格拥有一座这样的铜像。

邓小平曾经向我表达过一个愿望，希望自己能多活几年，等到英国人离开后，到香港亲眼看看。1997 年 7 月 1 日，香港回归中国。只可惜，在此四个月前的 2 月 19 日，邓小平以 93 岁的高龄在北京去世了。

　　在查尔斯王子卷起英国国旗的那一刻，我眼含泪水站在仪式现场，怀念着我的牌友。他的夫人卓琳和女儿邓楠也出席了仪式。我作为极少数的外国人之一有幸参加了他的葬礼。

　　1997 年 5 月，邓楠写给我一封信，感谢我曾和她父亲共同努力，一起发展了中国与其他国家的友好关系。

　　永别了，我的朋友！

一次深入中国腹地的旅行经历

　　我很清楚地记得 1991 年的中国腹地之行。贝尔纳·里奥内是里昂地区的一个机床专家，最擅长的领域是弯管机，他花了很长时间陪着我在中国腹地游历。

　　我们约好早上六点在北京火车站见面，同行的还有我们的陪同兼翻译王林。火车站人山人海，站台上、大厅里、走廊里，到处都是携带着大件行李的旅客，有些行李是装在竹篮里的活鸡，有些是后座上绑着活猪的自行车。

　　没有翻译，我们一点儿也看不懂标牌，根本不可能找到站台，更不要说找到我们要乘坐的那趟火车了。我们的翻译飞跑着找到我们，胜利般地用手挥舞着火车票。我们很幸运地得到了软座车票，那可比硬座舒服多了。

　　等所有旅客都在拥挤的车厢里安顿下来以后，火车头喷出浓重的黑烟，慢慢启动了。我们所在车厢的乘务员提着永不离身的热水壶，不停地在车厢里来来回回给每个乘客续水。邻座的中国乘客非常大声地喝茶和漱口，在我们欧洲人听来几乎无法忍受。

　　火车的速度好像永远不会超过时速 40 公里，在烟雾中行驶了好几个小时之后，终于开始进站了。新上车的乘客乡土气息更浓（火车不是直达列车，中途会停靠很多站）。

　　虽然还不到十一点，但是中国的午餐时间到了。餐车离我们的位置隔了大约五节车厢。我们围着一张脏兮兮的桌子，坐在发黏的木凳上，研究一张覆盖着塑料膜的菜单。出于保险的考虑，我们点了一碗汤、一份炒面和一碗米饭。王林点了一份炸蚕蛹！祝他胃口好！

　　更大的惊奇还在后头，就是当我们使用卫生间的时候。卫生间地面上有两个窟窿，对我们这种没受过训练的人来说，想对准可不容易。在火车不停的颠簸中，地面又无比湿滑，如厕是十分危险的。尽管如此，自然的力量是不可抗拒的。

　　当王林示意我们已经到站的时候，我们看见在一个土制的站台上，仍然积着未化的雪和新下的雨水，一队军人正在等着我们。他们让我们登上卡车和北京吉普。虽然我后来又来过多次，但是这个位于中国腹地的地区当时是不对外国人开放的，我是经过特批的例外，因此总是感到紧张。

　　经过了几个小时的奔波，我们终于到达了目的地——一个巨大工厂的入口。此时，我们已经精疲力尽。依照中国人的传统，欢迎是十分热情的。在院子中间，一面巨大的法国国旗骄傲地在中国国旗旁飘扬着。在这么一个远离世界的"荒蛮之地"，非常令人感动。

　　在喝完茶和交换过名片后，贝尔纳·里奥内问我们是否可以把行李放到酒店。接待我们的主人面面相觑,王林赶紧来解了围,解释说在这个 15 万人的小镇上没有任何酒店。其实,在出发前我早已有所耳闻,不过当时还是将信将疑。我们只好和工人们一起住在工厂里,就餐也是在工厂食堂。

下午的安排从参观车间开始。厂房破旧不堪,冷风从破碎的玻璃窗钻到厂房里。第一次技术会谈在一间保暖的会议室里举行,桌子中央依旧并列摆放着中法两国国旗。

天黑的时候,主人把我们安置在铺着草垫的会议桌上。由于气温很低,毫无疑问我们要和衣入睡,好不容易才熬过了这个夜晚。早上六点,我们的翻译和车间主任来带我们去吃早餐,早餐有汤、饺子、排骨、面条和茶。贝尔纳·里奥内有点支持不住了,他居然提出想喝咖啡,在中国人看来这有些不可思议。面对这个"难题",他们一起商议了半天。最后,一个参加过长征的老人表示他能想出办法来。半个小时后,他拿着一个缺了口的杯子回来了:"您的咖啡好了!"

贝尔纳一开始还以为是开玩笑,杯子里看上去就是白开水而已,但是我还真嗅到了一股咖啡的香气。为了向我们解释明白,这个老工人又跑去拿来一个小铁盒,当着我们的面打开,里面有两颗用纱布包裹着的咖啡豆。他解释说,这两颗咖啡豆已经保存了好多年了,偶尔会在水里煮十分钟,然后再小心地擦干,放在盒子里保存好,以备下次使用。

这个令人感动的小插曲非常能够说明中国人的精神品质,他们能够适应非常艰苦的生活环境,而且能够最大限度地利用已有资源。

贝尔纳喝到了他要的"咖啡"，不过不敢再提类似要求了。

第二天，他吃的和大家完全一样，对饮料没有任何意见了。

中国的农村

我曾经在乡下祖父母的家里住过很长时间，因此熟悉畜牧业和农业。"二战"期间的 1940 年我只有 9 岁，但被乡村生活深深地吸引住了。农民们不仅告诉我他们的"秘密"，而且还大方地允许我陪他们下地，或者在牲畜棚里工作，因此我很早就学会了耕地和耙地，包括施肥、撒种和收割。当时还没有联合收割机，收割小麦还得用镰刀。

只要放学后有空，我就会跑到牧场，那里养着 20 多只奶牛。我会在太阳升起的时候给牛挤奶，也会在黄昏的时候坐在草堆里的凳子上发呆。爷爷还教会我用老法子种菜。我非常喜欢每天早晚给蔬菜浇水，观察蔬菜成长直到收获。我们菜地里种有大葱、洋葱、胡萝卜、白萝卜和红萝卜。

我对其他蔬菜也非常熟悉，甚至一度想当农业学家。那时候，我还种过白菜、土豆、沙拉菜、莴苣和蘑菇。后来，战争、父母和生活把我带到了另外一条道路上，让我学习了商业。

对乡村的热爱以及从与农民接触中所学习到的东西，使我受益良多，对我日后的生活和工作有很大帮助。我和皮埃尔·德·蒙特松伯爵谈过一次话，他是养马方面的专家，也是法国第一大肉食生产商，后来我们成了好朋友。经过商议，我们决定在中国开展一次调研，研究是否可以按照法国模式在中国建立屠宰场。

我们首先要去说服当时的法国农业部长弗朗索瓦·纪尧姆，他本人也是洛林地区的奶牛养殖者。他对这个项目兴趣浓厚，并且答应大力协助。很快他派来了他的外甥雨果·德·里沃来协助我们。

通过我在中国的关系，我们到访了一些中国很少对外开放的地区，考察当地农民的真实生活状况。

经过初步调查，我很快明白所有的事情必须从零开始。对于肉类生产加工，我们也很快得出了结论：建立屠宰场是不现实的，因为缺乏足够数量的牲畜可供屠宰。此外，当时的中国农村也没有像样的牛群，少量的混血牛都是本地牛与来自苏联的黄牛的后代。而且这种牛产肉量很少，卫生也没有保障。

其实，中国人不怎么食用牛肉，他们更喜爱食用猪肉和禽肉，所以我们就把目标转移到了后两种肉类上。事情的进展仍然不顺利。我们参观了一个屠宰场，条件十分落后，很多设备都已经生锈了，生猪的质量也很不高。

尽管如此，养殖户们倒是非常热情，积极回答了我们的所有问题。猪是放养的，它们会自己找食；粮食只能给人吃，绝对不会用作饲料。中国农民对经营家庭牧场并没有兴趣。

禽类的养殖也如出一辙。我们发现当地的农民对鸭肉的喜爱程度超过鸡肉，所以很正常，他们养鸭的水平好过养鸡。与鸡不同，鸭子通常是在一个池塘里集中放养的，鸡好像更加自由一些。当地的卫生条件也令人担心。

这次调研之后，我们很失望地回到法国。雨果·德·里沃认为开发其他项目也许会更有趣一些，希望我们干脆彻底放弃中国的畜牧业或农业项目。我可不敢苟同，在我看来，农民就是农民，甭管他是法国农民还是中国农民。我依然关注他们的命运，毕竟我们大家都是靠农民养活的，不是吗？

我又和联合国工业发展组织联系，有幸认识了克里斯朵夫·吉里曼及其助手吉拉尔·加佛，前者后来成为法国地区的总经理。这个机构在纽约总部的领导下，有很多雄心勃勃的计划。

我作为专家和项目负责人参与了几个计划。联合国工业发展组织的专家组成员中有两位名人：吉尔·阿尔诺，兽医博士、法国兽医学校教授、养牛专家，身兼香波市市长和克洛兹大区议员的职务；阿尔弗雷德·穆勒，法国国家农业研究院（INRA）的著名农业学家。

吉尔·阿尔诺对中国有一定了解，他和黑龙江的哈尔滨兽医学校一直保持着联系。阿尔诺是第一个宣布发现疯牛病的人，也是第一个发现羊瘙痒症的人。

阿尔弗雷德·穆勒是牧草方面的专家，联合国工业发展组织还指派了一个名为黄赛的中国人作为我们的翻译。

我的目标很清楚，就是希望这两位专家能够研究一下中国农

湖南省的乡村电工

湖南省的乡村教师

业存在的问题，并且在比较短的时间内拿出一个帮助他们解决问题的方案。毕竟这 7 亿农民对于养活中国人而言是必不可少的。

我们的计划非常雄心勃勃，不仅选择的项目非常多样，而且地域分布十分广泛，从广东、江苏、江西到湖南、湖北，包括武汉市、福州市和南京市。

调研过程中，我们遇到了一些令人难以置信的情况，不过这些情况非常能够代表当时中国农业的现状。即使到今天，我仍然感觉中国的农业还有大量的工作要做。

养猪的问题

以农业合作项目的名义，我和阿尔诺博士一起前往中国研究猪的养殖课题。

我们坐着一辆几乎没有减震器的小面包车，在坑坑洼洼的道路上颠簸了好几个小时，终于在寒冷的夜晚到达甘肃省的一个小村子。由于到达的时间太晚，有关部门给我们安排住宿的当地唯一的一家旅舍也关门了。在司机和翻译的一再坚持下，旅舍总算接纳了我们。

天实在太冷了，水管都冻结了，没有办法洗漱。还好保温壶里有热水可以沏茶。这一天晚上我又是和衣而眠的，身上还裹着一条脏兮兮的被子，不过好在旅途疲劳，我一下子就睡着了。

第二天早上，在用过当地特色的早餐后，当地政府人员向我们表示了欢迎，然后带着我们走访了一些养殖户。

由一辆北京吉普引导，我们的小面包车开了大概 20 公里，到了第一个农庄。这里养殖的是甘肃本地的甘肃黑猪，总体养殖情况不太乐观。这种黑色的猪很多产，一次产崽最多可达 20 只，可惜的是，一周之后最终只有 5 ~ 6 只可以存活。

我向农民们解释，母猪肚子里的温度是 37 摄氏度左右，而外界的气温，即使不结冰，也很难超过 7 摄氏度。小猪崽会大量地冻饿而死也就不足为奇了。母猪也没有足够的奶水养活这么多猪崽。很多猪崽死于胸膜炎，幸存的猪崽也不是很强壮。

阿尔诺博士买了两头成年猪，抽取样本检测猪肉的质量。结果很不乐观，两头猪都患有结核病和肝吸虫病，这两种病还会传染给人类。

在这种条件下，猪的脂肪层厚度超过了 40 毫米，而欧洲的标准是 13 毫米。也就是说，中国猪的瘦肉率只有 40%，达不到通常的 60%，整头猪的产出只有少部分可以食用。

我们在其他省份的调研，如江苏、江西、四川和湖南等，结果也大同小异。在吉林省的某个小山村里还有一个有趣的经历，我们和猪睡在了一起。当时天气实在太冷了，几乎可以把石头冻裂，而猪圈是唯一一个有点儿热气的地方。第二天早上为了沏茶，我们还要从外面砸点儿冰块，放在炉子上烧开。

农民的生活是十分艰辛的，猪在体重达到 80 ~ 90 公斤后就会被卖到屠宰场，养殖户几乎得不到什么。

我们在访问中国农民的过程中，受到了非常热情的欢迎和接待，我们也尽自己所能帮助他们改善生产条件：对猪崽实行人工喂养、给猪崽注射疫苗、合理改善猪的膳食结构、用猪粪生产甲醇并用于发电等。

甘肃本地产的甘肃黑猪

在养猪场前合影

不了了之的养牛计划

受世界银行的委托，联合国工业发展组织进行了两项关于养牛的可行性研究。第一个项目在武汉附近实施。

纯属巧合，我们到达武汉的时候正好遇上了一队雪铁龙公司的工程师，他们是来筹备兴建新工厂的，而我们是来这里养牛的，真有意思！虽然武汉紧靠长江，可以抵达上海，可武汉毕竟是一个远离其他发达地区和海港的城市，雪铁龙怎么会想到在这里建厂呢？

我们马上发现自己也犯了同样的"错误"，我们怎么会选择这么一个基本上没有牧场的城市来开展养牛计划呢？武汉被中国人称为"四大火炉"之一，原因在于这里的夏天十分炎热。即使在阴凉处，也给人一种温度在40摄氏度以上的感觉。这里没有空调，为了避暑，市民们晚上干脆睡在外面，睡在西瓜堆里。

我们在两个养牛人那里只看到几头可怜巴巴的牛，营养不良，状态不佳。我决定最好还是回到北京和农业部再好好谈谈。

这次的旅行又是非常难忘的。一到武汉机场，我就跑到洗手间里想稍微凉快一下。一个 40 多岁的男子，穿着背心、蓝色短裤和人字拖鞋，正一边漱口清喉咙，一边放肆地随地吐痰。

我实在是看不下去了，赶紧走出洗手间，正好赶上登机，大家排着队登上停机坪上唯一的一架飞机。不过我怎么都觉得这台机器不太像飞机，更像是一辆公共汽车。我从来没见过这种带翅膀的巴士。虽然我自认为胆子不小，但看到天上阴云密布，暴风雨即将来临，我思忖了半天是否应该放弃这趟航班。最后，我还是老老实实地跟着其他十几个乘客登上了飞机，他们好像一点都不担心。

机舱内的空气十分憋闷，座椅上方的空调似乎坏了。刚一坐下，一群苍蝇就撞上我。这时候，我看到刚才洗手间里的那个男子满头大汗地出现了，除了背心、蓝色短裤和人字拖鞋，他头上还戴着一顶机长的大檐帽。我没开玩笑，真的是他，冲着驾驶舱走过去了，还有一个和他一样邋遢的大副也出现了，我再次产生了下飞机逃跑的念头。

不过看到别的中国乘客若无其事的样子，我还是留了下来。两个发动机启动了，随着噼噼啪啪的声音，发动机相继喷出浓厚的黑色烟雾。太好了，空调开始运转了，而且把苍蝇也赶跑了。

我们顺利地抵达北京。我没有着急下飞机，先给这架奇特的飞机照了一张像，以纪念此次不同寻常的旅行。这架飞机虽然速度不快，但是飞得并不差，飞行员好像也是相当称职的。

我们在农业部的会谈成果非常丰硕。这次，我们决定到江西省进行第二个项目的开发。江西省的气候温和湿润，好像非常适合养牛。我们先是登上一列开往厦门的火车，到达厦门之后再改乘北京吉普到达了江西瑞金。

当我听说瑞金就是毛泽东带领红军进行长征的起点时，感到无比震惊。更让我吃惊的是，我在离瑞金 6 公里的叶坪村住的房间居然就是毛泽东曾经住过的，那里还陈列着他曾经使用过的卫浴设备。

第一届苏维埃大会于 1931 年在旁边的庙里召开，1931 年，正是我出生的年份。当时的苏维埃大会由 610 名代表选出了 63 人组成了执委会，毛泽东任主席，委员包括周恩来和朱德。

接待我们的是江西省副省长。为了保证我们能够顺利地与农民沟通，他坚持陪了我们一个星期。他们的接待总是那么热情，回答问题也总是非常友好。

和武汉不同，这里的植被茂盛，但是饲料的问题恐怕要去北京解决了。虽然有人赞扬这个地区的牧场，可我却连牧场的影子都没看见。第二天一早，我们走了好几公里，到了一个古老的村落。妇女儿童奔走相告：村里来了"大鼻子"！到处都是一片欢腾的景象，我们仿佛成了娱乐节目的主角。

依然没有见到任何牧场，只有丘陵上漫山遍野的树桩。在这种情况下，养牛的问题在短时间内是无法解决了。一路上也能看到一些牛，它们到处觅食，竹叶、芦苇等等，什么都吃。面对这样的饲养环境，根本不可能考虑引进类似勃艮第的良种牛，混血牛倒是可以考虑引进，因为混血牛的肉和奶的产量都不低。

离开这里的时候我有些伤感，于是对养牛人和政府部门解释

说，我们会提交一份积极的可行性报告，建议引进相对合适品种
的牛，同时根据我们的观察，也希望当地对饲养环境做一些必要
的改进。后来我们得知，他们做的第一件事情就是把树桩都拔
掉，然后把这里改建成了草场。

乡村小道上放养的牛

带翅膀的"巴士"

关于检疫的一件趣事

在我们完成的工作中，有一项就是法国政府与黑龙江省签订了牛群的买卖合同。合同约定，我们要从里昂用飞机把 100 多头蒙贝里亚奶牛运到哈尔滨。

夏天的哈尔滨气温还算宜人，但是到了冬天，这里的气温可以降到零下 30 摄氏度以下。机场的仓库里为这群珍贵的奶牛储备了清水和饲料。一切看起来都井井有条，我们唯一没有想到的是，还有"卫生检疫"这个环节，而漏掉这个细节对整个项目来说是致命的。

每头奶牛都要验血，这个问题好像没有什么争议。兽医们开始工作，从奶牛身上抽取血样，然后放到一个小箱子里准备送到实验室化验。我对这个做法有点不放心，担心会影响整个项目的进度，就询问其中一个负责人：

"什么时候可以把牛送到牧场？"

"得等我们拿到化验结果。"

"会很久吗？"

"可能会，因为化验室在云南昆明。"

"那可是在中国的另一头！为什么你们不能送到北京去化验呢？"

"因为我们和昆明的化验室有协议。"

血样从陆路运到昆明的化验室大约需要三天时间，行程4000公里。在这种状态下，化验结果当然让人无话可说："该动物不能用于食用。"

但是哈尔滨人民还是非常高兴地品尝了这些牛肉。让人欣慰的是，牛的货款照常支付了。

到了今天，中国的养牛业已经获得了比较大的发展，例如加拿大和荷兰相继提供的杂交品种牛成功繁衍，产出了质量尚可的牛肉、牛奶和牛油。之后，达能开始在中国生产酸奶。一开始，有人说中国人的肠胃承受不了奶制品，后来，无论老幼都照吃不误。达能算是相当成功的。再后来，中国与卡尔瓦多斯的合作社专门签订了合作协议，这个地区的乳制品和奶粉质量上乘、美名远扬。

中国的农业和农村问题一直是得到高度重视的。城乡之间的生活水平和资源消耗的差距很大，如果不解决这些问题，也许会发展成严重的社会问题。

巧克力厂

我们曾经考察过江苏省的一个小村庄，研究是否可以在这里建设一座巧克力厂。当我们颠簸了几个小时到达时，老百姓在街道两旁夹道欢迎，他们手里挥舞着纸质的中国国旗，街道旁边的建筑物上也装饰了彩旗。

当地政府举行了传统的欢迎仪式，讲话、敬茶，还摆出了很多橘子。然后我们到镇政府大厅共进午餐，菜肴十分丰盛。吃饭的时候，我们的翻译黄赛介绍了党委书记讲话的主要内容。

按照他的说法，由于当地土质多沙，种庄稼是没有什么前途的，农民的生活十分贫困。为了解决这个问题，他向社区建议引入外国专家，在他们的资金扶持下建设一座巧克力厂。这就是我们到这里来的原因。

午饭后是惯常的一个小时午休时间。午休之后，我提出想要参观巧克力厂的厂址。

还是北京吉普开道，其他领导坐的两辆小面包车跟在后面。行驶几公里后，我们停在了一片旷野上。领导下车后自豪地说：

"我们到了!"

我很吃惊地问:"可是这里什么都没有啊?"

"现在是没有,所以才请你们来啊。"

"那您打算把工厂建在哪里啊?"

"由你们决定!"

"不过生产巧克力,至少还需要可可和糖。您知道吗?"

"不知道。你们可以从古巴进口糖,从马来西亚进口可可!"

我们完全惊呆了,不知所措。我们怎么回答这些善良的人,这些天真地寄希望于我们这次参观的村民,他们带着孩子,满怀信心地跟着汽车奔跑。所有的人都目不转睛地等着我们的回答。真是令人无奈啊。

这是谁干的事儿啊?真是又无知又愚蠢,出了这么一个荒唐的建巧克力厂的主意。我努力用乐观的口气向村民们解释,连说带比画:如果没有这些原材料和油脂,生产巧克力会是非常困难,甚至是不可能的。

其中一个人对我们说,有人建议他们使用胶凝剂,这是从红藻中提取的,也可以当作减肥药。为了不伤害他们,我用尽全力依然一脸严肃地问他:"假设你们能够生产巧克力,你们做过市场研究吗?你们打算把巧克力卖给谁?"

他们好像早就商量好了:"靠你们卖给欧洲啊!"

我们三个人,兽医、农艺家和我都完全惊呆了。怎样才能不失风度地从这个困局中解脱出来呢?怎么回答他们?我突然有了一个主意,我走到田野里用铁锹挖开一些土,然后惊喜地发现这里的土质虽然多沙，但是没有盐分，而且土质好像还不错。

回到镇里，我们在镇政府大厅里商量我的建议：

"忘掉巧克力工厂的主意吧，太贵了！而且不现实！"

"为什么不种芦笋呢？这种土质很适合芦笋啊。"

在法国，谁都知道洛林地区的这种土壤种出了大量高品质的芦笋。吃完了丰盛的晚餐，接受了无数的"千恩万谢"，我们坐上北京吉普出发了，人们用掌声欢送我们。

我听说现在那里的芦笋产量很大，还投资建设了罐头厂。我真心地为这个村子和村民们感到高兴。

骡子

1984 年，距离今天仅仅 30 多年前，为了完成一个农业项目，我去了中国北方的甘肃省，想看看那里是否适合种植苜蓿。一个巴黎大区的养兔企业希望在这个地区投资种植苜蓿，苜蓿是兔子的主要饲料。

我必须先去甘肃省的省会兰州市，这个城市位于古代的丝绸之路上，海拔 1600 米，常住人口 436 万人，历史超过了 2000 年。我一直很担心这个地方是否适合种植业，因为据说兰州的污染很严重。黄河两岸绵延的化工厂排放出大量的污染物，空气质量较差。黄河也因为污染不再是黄色的了，呈现出一种暗黑色。

陪同我前往的是我最为忠实的翻译王建国。我们只买到了硬座火车票，这趟火车异乎寻常地长，足有 40 节以上的车厢。

火车颤抖着喷出滚滚黑烟，缓缓启动了。漫漫旅途，几乎逢站必停，陪伴我们的是不停换座位的随行旅客和各种喧哗，还有装在竹笼里的各种动物：猪、鸭和鸡。

随着火车逐渐进入山区，速度也开始放缓，最终停了下来。很快，火车又开始移动，不过这次是向后退！很多旅客干脆打开车门跳了下去，这太疯狂了！我们俩也跟着跳了下去。

不过奇怪的是，旅客们没有表现出丝毫的惊慌，他们镇定自若地跟着火车随着轨道向山下走去。

后退了大约一公里后，火车终于停住了，像歌里唱的一样发出了三声汽笛。这是再次出发的信号，大家又都登上火车回到了座位上。我们都祈祷着后退的距离足以让车头拉动我们冲上山坡，火车头奋力前行，喷出越来越多的烟雾。真是令人难忘的旅程啊！

经过兰州后，我们抵达了终点站武威。在那里，一辆军队的卡车正在等着我们，车上悬挂的中文横幅写着欢迎我们的语句。这个国家总有让人惊喜之处！再往前已经没有铁路了，人们后来告诉我，这里是中国北方非常偏远的地区，靠近蒙古边境，那里有长征火箭的发射基地，也有中国的核设施，来这里的外国人更是少之又少。

天黑的时候，军车停在了一座看起来有些老旧的建筑前，我们在那里享用了一顿丰盛的晚餐。住宿是在一间类似宿舍的房间，大家和衣睡在草垫上，我早已经习惯了。旅途的劳累和兴奋都让我很快入眠。第二天一大早起来，吃到法式早餐当然不可能，不过还是挺丰盛的，有蔬菜汤、米饭、淡水鱼（鱼刺很多）、鸭肉和橘子。

让我们惊讶的是，卡车不见了。看到我们吃惊的样子，所有的中国人，包括普通士兵，他们都哈哈大笑。因为前面没有公路了！

除了著名的北京吉普越野车外，没有任何其他现代交通工具了。天气很好，万里晴空，三辆北京吉普飞驰着上路了。一路上，目之所及全是草原或者粮田。

路上难免会有正常的生理需求。车队停在一块插着红旗的标志旁，中国人走到田野里，撤掉几块地面上的木板，然后蹲了下去。这是一个露天厕所！我也没有办法，完全照做。不过很快我就适应了这种如厕的方式。

还有意想不到的事情在等着我。远处有一团黄色的东西在缓缓移动，好像是在一片玉米地上飘浮。由于距离太远，实在无法分辨，只是看上去感觉很诡异。我可能是唯一见过类似奇特景象的外国人：一台无法辨识的巨大机器，像在自动扶梯上一样，在一片粮食地里神秘地前行。

您肯定也会觉得我的解释不可思议：那是一台里昂附近维勒班市生产的锻压机，真正的法国制造，重达数吨。它被放置在一块木板上，而木板下面是一个由上百头骡子组成的方阵！

方阵的后面还跟着几乎同样数目的骡子，有些骡子还驮着巨大的饲料包。据说这些骡子是轮换工作的，每 30 分钟更换一次。虽然我不知道它们的目的地是哪里，但听说要走 100 多公里。为了这 100 多公里的"长征"，这些骡子要翻山越岭，走三天三夜。我完全被中国人这种创造性震惊了。

至于苜蓿，我非常满意，蓝色的小花漫山遍野。兔子也不是问题，中国人很爱吃兔肉，而且在这里养殖的兔子也可以大量出口到欧洲，尤其是出口到法国。当然了，在英美国家，这种小动物是被当成宠物的，不会有人把它们当作食物。

第二章

认识中国

我在天安门前

前进中的中国

变化

1978 年 12 月，邓小平为了建成我们今天所看到的中国，做出了重大决定，解散人民公社和实行改革开放。几年后的 1985 年，改革浪潮进入城市、郊区和其他产业。

1984 年，为了全面发展经济，中国明确了要推行社会主义市场经济改革。1997 年，在有效控制了通货膨胀后，中国开始进行国有企业体制改革。2001 年，经过 13 年的申请，中国成功加入世界贸易组织，此后开展了大规模的经济体制改革。

这一切成果都在邓小平的预料中，中国经济正在坚定不移地走向世界、走向繁荣。几年前，在中国共产党的一次代表大会上讨论了一个议案，一个在我们西方人看来完全是不可思议的议案：是否应该允许民营企业家入党？获得了代表们的一致通过！

中国的核心权力，包括武装力量的指挥权，都集中在中国共产党的中央委员会。中国的发展历史有力地证明了这个政党的合法性。

在我看来，中国的老百姓对政治生活缺乏兴趣，普遍觉得与己无关，他们对一些流言蜚语的兴趣往往超过了对政治本身的兴趣。不过通过改革，我们能够看到民主制度正在不断进步。

我认为，中国在人权领域已有很大进步。在这个领域，中国承担了太多的非议。

我经常说："不要向救护车开火！"因为想要改变14亿人的想法和命运绝不是一朝一夕的事情。我曾经多次就此问题发表演讲，也得到了很多人的支持和认同，让我感到十分欣慰。

2008 年的愿景

很多国家的官方人士对中国知之甚少，甚至可以说一无所知，但是他们却能够在这种近乎一无所知的情况下，愚昧地发表对中国的激烈批评。

2008 年 2 月 28 日，我在军校举办的一次关于中法关系的会议上发表了如下讲话：

女士们、先生们：

今天早上，很多演讲者都阐述了对中国的批评意见。我很遗憾今天没有看到任何中方的代表出席，例如赵进军大使阁下、马社公使衔参赞等人都没有得到邀请。我毛遂自荐，充当缺席被告的辩护律师，作为中国政府的外贸顾问，我想我有这个资格。

一个中国人会这么对大家说：你们的思维方式与中国人不

同。不同于西方个人主义的逻辑，中国人不会把个人当作中心。

……

海外的华人华侨会积极参与国内建设，他们的投资占到外资的 60%。

邓小平倡导的改革开放当然是实实在在的，也创造了一批富裕阶层。

中国强大的金融实力，中国人勤奋的工作态度和放眼世界的胸怀，使他们能够顺利实现自己的目标，绝对不会屈服于外界的任何阻力。

胡锦涛主席上任以来，国务院制定、颁布或批准了一系列明确的政策目标。中国的主要发展目标包括以下优先领域：

高科技；

环境保护；

解决随着经济的快速发展而越发明显的能源短缺问题；

交通运输；

能够养活 14 亿人的粮食；

火电厂污染严重，需要着力发展核电和水电，三峡大坝完工后也只能提供全国用电需求量的 10%；

光能和风能。

……

最近，胡锦涛主席出访了很多非洲国家，包括苏丹、喀麦隆、赞比亚、利比亚、纳米比亚、莫桑比克、塞舌尔和南非，与这些国家签署了很多合作协议、贷款协议、开发协议和债务免除协议等。这是中国国家战略的组成部分，绝对不是偶然的。

2007 年 12 月，中国石油公司与伊朗石油部签署协议，开发伊朗西南部的油田和天然气田。根据合同条款，中方承担了全部投资。第一期的产能预计达到每天 8 万桶，第二期还会增加 10 万桶。油田已探明的石油储量是 183 亿桶，天然气 125 亿立方米。

2007 年 10 月 15 日至 21 日，中国共产党第十七次全国代表大会通过了很多重要决议，2220 名代表选举产生了由 370 人组成的中央委员会，中央委员会又选举产生了由 25 人组成的政治局。政治局最终产生了由 9 人组成的常委会。

2007 年 9 月，中国成立了自己的主权财富基金——中国投资有限责任公司（简称"中投公司"），极大地刺激了国际金融业。

由于中国的外汇储备已经超过了 1 万亿美元，中国政府决定将其中的 2000 亿美元注入新成立的中投公司，用于专项对外投资。

中投公司坐落在北京西部的平安保险大厦的九层。公司根据国际金融市场的发展变化，适时地以并购或参股企业的形式向世界各地投资。

中国经济政策活力的另外一个例证是建立新的经济特区——泛珠江三角洲经济区。新建的经济特区由广东省发起，周边八个省区共同参与，还有香港和澳门特别行政区。区内人口达到 4.65 亿，相当于欧盟人口的总和。

这就是中国的现状！

飞速发展的京津两城

北京和天津的人口数量总和大约是 3576 万人，略多于法国人口的一半。天津距离北京大约 110 公里，塘沽港距离北京大约 140 公里。

20 多年前，两座城市之间的道路状况还是比较差的，即使一路畅通，也需要 3 个小时以上的时间。道路双向都排满了运货的大卡车，还经常能够看到缺乏经验的司机在公路行车道上更换轮胎。在冬季，雾、雪和霜冻还会恶化路况。

铁路也同样糟糕。那时候从北京开往天津的火车全程需要大约 2 个小时，几乎逢站必停，车厢十分拥挤，车内设施也十分老旧。周末，火车上挤满了在天津上大学的学生。

高速公路启用后，极大地改善了交通状况。2008 年的北京奥运会使城市之间的道路交通发生了很大变化。天津市修建了好几条地铁和一些林荫大道；北京和天津的两座新火车站之间开通了高速铁路，全程用时只有 25 分钟，每 15 分钟开行一列，票价十分合理，二等座只要 6 欧元，一等座也只要 7 欧元。

从北京出发的高速铁路已经通到了上海，时速可以达到每小时 350 公里。这条铁路曾经是法国梦想参与建造的，现在中国人已经自己实现了它。

沿线的一些小村庄也迅速成长为现代化城镇，建设了不计其数的商业中心，例如亦庄、怀柔、顺义、廊坊、通州和黄村等，一些国际名牌的专卖店纷纷进驻。在北京或天津工作的白领开始在这里购置别墅。这类别墅区设施齐备，有医院、按摩院、休闲中心，风景如画的环境中往往还有人工湖、高尔夫球场和豪华酒店等。

塘沽港位于渤海海滨，是一个现代化建设的杰作。免税的自由贸易区吸引了大量物流，码头数量众多，可以停泊各种吨位的船舶。港口还专门扩建了用于发展当地石化工业的油料码头。在天津市和新港之间还建有天津经济技术开发区，开发区绵延数公里，生产主流品牌手机和其他电子产品。为了迎接北京奥运会，天津市还在这里兴建了一座拥有 6 万个座位的体育场。再向北数十公里，避开新港的污染，是以北戴河和葫芦岛为代表的海滨旅游区。海滩条件一流，丝毫不逊于法国，也完全可以和美国加州或者佛罗里达的海滩媲美。

天津大学是中国最好的大学之一，距北京仅 2 个小时车程，招收来自世界各地的学生。1919 年成立的南开大学是周恩来总理的母校，也坐落在天津。1885 年修建的圣约瑟夫大教堂得到了精心维护，门口处还张贴着弥撒仪式的时间表。

凡此种种，都有力地证明了中国人的思想开放程度已经大大超过外国人对他们的想象。北京，未来无可限量……

中国的"吸金"能力

中国始终渴望在全世界赢得独立的金融地位，以摆脱对美元的依赖，具体体现在希望人民币能够实现国际化，并且将其作为优先考虑的目标。人民币有望在未来成为国际舞台上的主要货币。

美国已经陷入了严重的主权债务当中，其债务高于整个欧元区的债务水平，中国人认为这是一个不错的机遇。其中一个方法，也许是唯一的方法，就是把人民币与黄金挂钩。

1971年，尼克松总统终止了金本位制度，从此以后，国际贸易基本都使用美元，尤其是在大宗商品和石油产品方面。美元走弱时，我们欧洲人可以买到便宜的石油，但是对我们飞机的销售不太有利。这个简单的例子说明，像中国这样一个拥有14亿人口的大国，掌控好其本国的货币尤为重要。

长期以来统治美国金融市场和利率的是印钞机，通过货币政策调节通货膨胀和投资。美联储前主席伯南克从2012年9月开启了印钞机，每月增发400亿美元，而且没有确定终结期。如今，其继任者依旧在采取相同的政策。

中国把大多数外汇储备投资到了美国国债上，因而不可避免地担心其价值不断缩水。中国拥有世界上最为庞大的外汇储备，其数额将近 3.5 万亿美元，他们当然不希望过于依赖一个波动性很大的外国货币。

2011 年，当国际货币基金组织在达沃斯论坛上提出是否能用其他形式替代美元时，中国社科院国民经济研究所所长樊纲表示：美元的持续贬值和币值的不稳定将会给国际货币市场带来很大的麻烦，因此必须考虑重新设计一套体系来对抗美元的疲软。

我个人更加赞成一些国际金融专家的看法，随着美元的贬值，美国人是否有能力偿还天文数字的外债而不违约，是个很大的问题。

形势发展得很快，有些美国公司通过发行人民币债券的融资方式在中国投资，而不是美元债券。中国与俄罗斯、越南和泰国的贸易基本上以人民币结算，不再使用美元。中国还加紧在世界各地开设银行，世界最大的银行——中国工商银行 2011 年来到巴黎，开设了它在法国的第一家分行。而之前在巴黎已经设有分行的中国银行，2012 年又在里昂开设了分行，这是中国的银行第一次把分行开到法国巴黎以外的省份。中国银行里昂分行的地理位置绝佳，位于共和国大街 1 号，里昂市的市中心，正对着里昂市长的办公室。

中国在 2007 年投入 2000 亿美元成立了自己的主权财富基金——中国投资有限责任公司。该公司的第一任领导是以谨慎著称的楼继伟。目前，该公司管理着超过 1.2 万亿美元的资产。

这家基金公司的成立震动了整个金融界。在此之前，中国使用了大量外汇储备用以支持国有企业的发展。

2013 年，中国政府要求中国投资公司的董事长兼 CEO 丁学东更多地关注金融市场。中投公司是直属国务院领导的国有商业公司，在新的国家领导人习近平主席的鼓励下，中投公司将越来越积极地在世界各地代表中国的经济利益。

中国的外汇储备数额巨大，而且多数投向了美国的养老基金或国债。2011 年，在一天时间内，中投公司出售了 64 亿美元的股票，包括波音、洛克希德和西克斯基等公司的股票。

新兴的旅游度假天堂

劳动致富，既有利个人，也有利国家。

——邓小平

海南岛位于中国最南端，是个热带岛屿，这里有一座中国新兴起的热带旅游天堂——三亚。多年前我第一次到三亚时，那里风景秀丽、民风淳朴，居民大多为黎族。

从北京出发时，北京的温度是零下 10 摄氏度，我穿着厚重的羽绒服、羊毛袜子和翻毛皮靴。可是一到海南的机场，马上就得换成夏装，因为这里中午的温度可以达到 32 摄氏度。

海南岛以前隶属于广东省，后来成为独立的省份，省会在海口，位于岛的北部，南部的主要城市是三亚和万宁。这里已经成为中国富裕阶层的投资目标。

海南岛拥有 238 公里长的白沙海滩，大量的椰树和棕榈树点缀着翠绿的山岗，海水清澈透明，水产丰富，是理想的旅游度假天堂。那里日照充足、雨水丰沛，花样繁多的热带水果和蔬菜不仅产量丰富，而且绿色天然，可以称得上是个天然的大花园。

　　三亚处在这样的环境中，自然成为中国新兴富裕阶层的理想投资地点，很多人在这里买入地皮，兴建度假别墅等。海边停放着世界顶级豪华游艇，游艇的主人还可以很方便地乘坐专用停机坪上停放的私人喷气式飞机或者私人直升机。

　　从最高级的豪车到瑞士名表，在三亚市都可以见到。令人奇怪的是，巴黎旺多姆广场的法国商家却并没有出现在这里。我曾经向法国外贸部反映过这个问题，最终石沉大海。

　　我曾经成功地带领法国诺曼底和蓝色海岸地区吕西安·巴里耶尔集团派的酒店业代表团参观了海南岛。现在他们已经在海南岛开展业务，宣传法国的酒店。

　　拥有 70 万人口的三亚也许将来会成为戛纳的竞争对手，不过还好，它们是友好城市。

三亚的南海观世音像

如今的海南岛

维吾尔族和藏族

中国的少数民族中，最出名的应该算是维吾尔族和藏族了。维吾尔族是什么？对法国人而言，这个民族的名字发音很难，以至于一个法国部长在正式讲话时曾经把它念成"酸乳酪"。当时一个中国记者朋友跟我打趣说：

"他会不会加点儿糖，用一个小勺把它吃掉？"

新疆的面积为 166 万平方公里，大约是法国面积的三倍，这个省级行政区的全称是"新疆维吾尔自治区"。首府乌鲁木齐市有大约 243 万人口（截至 2010 年），该市是坐落在乌鲁木齐河边的一块绿洲。历史上，它曾是丝绸之路新北道上的重镇。

我去过新疆很多次。这个地区景色秀丽，被戈壁环绕，西北部横亘着海拔超过 3000 米、长年有积雪的阿尔泰山脉。当地人擅长农业，新疆的蔬菜和水果驰名全国。他们的畜牧业也十分发达，沙特在麦加朝圣期间就会从新疆采购活羊。

我就目睹过这个罕见的采购过程。活的公羊羔必须使用伊斯兰国家的飞机空运。这单生意被马来西亚航空公司获得了，前提是整个机组都必须是穆斯林!

乌鲁木齐是个多民族的城市,这里可以经常听到有人说俄语,很多原属苏联的中亚国家的商人或游客到这里采购商品。

我最后一次去的时候,当地的现代化程度还有限,人们还是居住在传统的小屋里,旁边就是商铺和杂乱的集市。

维吾尔人的商业意识强烈,他们在广东等很多省份都开设了商店,甚至还有西藏。在我看来,维吾尔人不太可能像西方一些人说的那样要建立自己的国家。汉族人在当地数量很多,之前发生的恐怖主义暴乱都很难形成气候。

我曾经多次向法国媒体表达我的观点,包括 FRANCE 24 和参议院。北京方面做出了很大努力,包括允许生育多胎、免费义务教育、仿照其他都市鼓励兴建星级酒店和商业中心等。由于得到了企业和其他赞助,这里的房价只有每平方米 100 美元左右,而实际造价则高达 500 美元。

为了彻底根除恐怖主义,中国政府还鼓励企业在新疆投资,给予他们很多税费上的减免优惠。

总体上看,维吾尔族是个非常和善好客的民族,他们生活的地区风景如画,非常适合开展旅游业,具有很大的投资潜力。

对西方人而言,围绕西藏地区的话题是个国际热点,因此问题比较复杂,不太容易理解。

我第一次去西藏是在 1958 年,那里别有洞天,但是仍处于贫困之中。

在中国中央政府废除西藏农奴制以前,可怜的农奴们世代被残酷而强大的宗教压迫。那些领主和宗教领袖，则享受着完全和绝对的统治权，他们不会受到任何法律的约束，对外部世界也知之甚少，根本不关心农奴的死活。对我们法国人来说，类似的场景只有在中世纪的时候才会出现，那些领主对领地内的人民拥有绝对的所有权。

我禁不住要质问达赖喇嘛，他作为当地的宗教最高领袖，对于这种现象，怎么可以无动于衷呢？

我对这个问题的看法非常清晰和明确，坚决反对当前一些媒体的错误观点。他们毫无理由地指责中国政府、袒护达赖喇嘛，根本不想去了解西藏问题的真实原因和关键所在。

在此，我要向几个勇于主持正义的人表示感谢：法国司法部的皮埃尔-夏尔·罗郎德-拉皮埃尔，地理学博士雅克·果切兹，藏学家卡地亚·布佛特里尔、让-夏尔·布罗西埃和泽维尔·瓦尔特。

假如我们不再天真地相信那些本国和外国政客在西藏问题上的狡辩，我们立刻会被达赖喇嘛的所作所为震惊，他对人民的苦难根本无动于衷。

在街上游行、支持所谓"自由西藏"的那些人，大多数不是出生在20世纪50年代的，基本上也都没有去过西藏或者中国其他省份，最近几年更是没有去过。2008年，在西藏发生的暴力事件被西方媒体极度扭曲。西藏的所有人都知道是谁放火焚烧了那些维吾尔族人的小商店，那可不是警察或者军队，而是那些职业恐怖分子所为。他们专门攻击手无寸铁的平民，无数的证词和视频可以证实这一点。

法国人总是希望能在第一时间去保护寡妇和孤儿这些弱势群体，不太注意去分清是非曲直，鲁莽地对别国的内政指手画脚，结果必然犯下错误。我们的媒体盲目追风，而完全忽视了奥运会和奥运火炬在巴黎的传递。

为了更好地帮助读者了解西藏问题的复杂性，我觉得有必要简短地回顾一下历史，以便提供一个不同的视角，让人们看清当前的形势。

吐蕃王朝的赞普松赞干布统一了西藏，建立了吐蕃王国。他迎娶了尼泊尔的尺尊公主和唐朝的文成公主。

公元 13 世纪，成吉思汗的孙子忽必烈建立了元朝。中国的皇帝变成了蒙古人，出于政治目的，元朝对周边的佛教国家采取了友好政策。

清朝是中国最后一个封建王朝，自 1644 年建立全国性政权至 1912 年溥仪逊位总计 268 年。在这个朝代，西藏土地的 30% 掌握在贵族手里，40% 掌握在寺院和高级僧侣手中，剩余的 30% 归属地方政权。政府官员与达赖喇嘛分享土地、牧场和庄园。留给农奴的已经所剩无几了，他们还得承担沉重的赋税，不仅要上缴给政府，还得向世俗贵族和以达赖喇嘛和班禅为代表的宗教家族进贡。当时的宗教家族大约有 400 个之多。

从 1643 年开始，西藏的实际统治者——第五世达赖喇嘛阿旺洛桑嘉措成为宗教领袖。他拥有绝对的统治权，一方面作为格鲁派地方政权的统治者，一方面作为清朝皇帝的臣属。达赖喇嘛在一定程度上与班禅活佛分享权力。

僧侣成为最大的地主，并且拥有拉萨最漂亮的寺院，例如哲蚌寺等。他们还拥有 321 座庄园、1000 多公顷耕地、26 座牧场、十几万头牲畜和 4 万名农奴。

19 世纪末，为了在与俄罗斯的激烈竞争中获得更多利益，英国企图通过印度掌控西藏。为此，英国采取了悍然入侵的做法，在本地的军队抵抗无效后，西藏被迫出让了大量的贸易和外交权益。

1908 年，英国军队撤离西藏，中国政府重新控制了局面。1911 年的辛亥革命推翻了清政府，建立了中华民国。1913 年，十三世达赖喇嘛土登嘉措自行宣布西藏独立，但是没有获得任何国际上的承认。1946 年，西藏地方政府的代表与当时的中国国民政府在南京共同重申了西藏是中国领土不可分割的一部分。

1949 年，中华人民共和国成立，中国人民解放军随后进入西藏。1951 年 5 月 23 日，中央人民政府和西藏地方政府的代表于北京签订了《十七条协议》，宣告了西藏的和平解放。

1955 年到 1956 年间，英美的科学家在喜马拉雅山脉的西藏一侧发现了丰富的铀矿矿脉。美国和英国政府从而鼓动达赖喇嘛叛逃到印度，共同反对中国共产党。

1959 年，外国公司开始试图开采铀矿，中国政府立刻做出反应。达赖喇嘛在解放军到达之前就逃之夭夭，跟随他的还有大量贵族领主，他们还随身携带了大量财宝。大约有 10 万不明真相的西藏人跟着他跑到了印度达兰萨拉。

同年，中央政府开始对西藏进行全面直接管辖，并采取了一系列改革措施，其中最重要的内容就是废除农奴制。

在中国政府采取的诸多改革措施中，我在西藏亲眼见证的就有：

实行儿童免费注射疫苗和免费医疗，极大地降低了婴儿死亡率；

推行免费义务教育和食宿，从中学开始实行双语教学；

建设世界上海拔最高的铁路——青藏铁路，可以从北京经西宁到达拉萨；

保护环境生态，创建自然保护区，在保护区内大量使用太阳能；

打击偷猎，尤其是保护藏羚羊等珍稀动物；

在全区建设超级现代化的公路网和铁路网，改变了以往闭塞的状态；

重修西藏本地的寺庙；

允许僧侣自由从事宗教活动，给他们提供场所和薪金，包括在北京的喇嘛庙；

建立高等级现代酒店，如希尔顿酒店等；

尊重各种少数民族，包括从事小商品贸易的维吾尔族和苗族。藏族群众仍然可以从事传统的畜牧业和种植业。

值得一提的是西藏丰富的水利资源，这里可能是世界上水利资源最为丰富的地区了，中国甚至亚洲的主要河流都发源于青藏高原，包括长江、黄河、印度河、恒河和湄公河。

我在前文曾经谈到过西藏丰富的铀矿，其实西藏地下还埋藏着丰富的锂、盐、钴、金、银、铝土和铅等矿藏。

青藏高原是世界上海拔最高的高原，总面积约为 250 万平方公里（是法国的 5 倍）。当地有汉族及满族、蒙古族、维吾尔族、藏族等多个少数民族。

藏医也是不能被遗忘的重要特色。早在 8 世纪，云丹贡布及其后人就已经会用 2000 多种植物和 50 多种矿物入药，并且撰写了大约 18 部医学典籍。我本人也曾从中获益，由于西医对我的病症无能为力，于是我求助于北京炎黄中医院的陈文博教授，他用虫草制作的汤剂和口服液，治愈了我多年未愈的病痛。

古露站，拉萨到发的各类旅客列车均经过此站

在去往拉萨的火车上（海拔 4673 米）

2010 年 5 月，与友人（左）在布达拉宫前合影

2010 年 5 月，在拉萨火车站的贵宾厅

2010 年 5 月，与西藏僧侣（左）合影

2010 年 5 月，接受西藏自治区主席（右）赠送的象征西藏的
藏羚羊雕像

中国的妇女和家庭

1956 年我第一次到广州的时候，压根儿没发觉自己身边有女性。当然，女性还是很多的，只不过她们的着装与男人一模一样，以至于我对她们的性别根本没有察觉。那时，一般人穿蓝色制服，军人穿绿色制服，公务员穿灰色制服。

这其实意味着男女之间的平等。毛泽东提出的这个理念，应该说还是非常有道理的。所有的中国人，无论男女，首先是中国的公民。中国的女性享受了绝对的同工同酬，在这个问题上，中国人给我们上了一课。

我前面曾经说过，我认为法国人对中国和中国人的了解非常狭隘，对中国妇女的了解程度恐怕还要更低一些。法国人根本不知道中国妇女在历史和现实中都占据了十分重要的位置。很多政府和企业的领导职务都是由妇女担任的，中国女性承担了很多工作。

吴仪是当代非常杰出的一位中国女性，她曾经担任对外贸易经济合作部部长，在"非典"期间还担任过卫生部部长，后来成为国务院副总理。

另一位女性楷模是曾任上海宝钢集团董事长的谢企华。上海宝钢集团是世界第七大钢铁生产企业，拥有员工 3.5 万人，年产钢 2000 万吨。

最后，我要向我认识的一位企业家肖雪女士致敬，她是黄金佳集团的董事长。她敏锐地观察到，中国人即使在没有太多财富的时候也有着强烈的储蓄意识，因而推出了非常小的黄金制品，从 2 克、10 克到 15 克的微型金条。中国人喜欢收购黄金制品，这已经不是什么秘密了。也许他们期望有一天可以摆脱对美元的依赖，转而用黄金支持他们的货币。

在中国，女性拥有与男性相同的地位和权力，即使在农村也不例外。女性也会下地劳动，甚至与男性一样，站在齐膝深的水田里劳作。在城市里，女性也是与男子并肩劳动。比如在天津塘沽港，女工也会担当吊车司机，与男工一样一天三班倒地装卸货物。在这里，工作从来不会中止，几乎没有假期，当然更没有罢工。

中国女性在各个领域都备受尊重。在我看来，她们主要负责三个任务：理财、育儿和烹饪。

以理财为例，我在中国餐馆经常发现是女人负责结账，男人身上好像没有多少钱。

在子女的教育问题上，经过夫妻双方充分讨论后，往往是女性做出最后的决定。中国家庭通常只有一个孩子，有些家庭可能会多一些。即使如此，一般也不会超过三个孩子。

　　少数民族地区的计划生育政策不同于汉族，这里的家庭可以自行决定生育几个孩子。维吾尔族的儿童还享受完全免费的义务教育，这也是中国政府在当地采取的民族政策的一部分。

　　中国父母与子女的关系是比较健康和互敬的。中小学的学生一般都穿校服，我个人认为，这有益于他们的成长，因为统一着装有效地消除了学生之间的攀比心理，而且孩子们也都能养成良好的着装习惯，这在法国可完全做不到。

　　至于烹饪，跟我们在法国看到的情况差不多，美食非常重要，是体现中国生活水平的重要组成部分。

　　在金钱、教育、烹饪这三个领域里，男人大多依赖于女性，女性也深知自己的责任重大。不过，可不要莽撞地得出结论说中国女性是非常顺从的。我敢说，中国男人倒是挺乖的。当男人喝得醉醺醺的时候，女人通常不会贪恋杯中之物，因为她们要时刻保持头脑清醒，这样也有利于巩固她们在家庭中的地位。

　　中国的男人们应该感到十分幸运，因为女性的行为堪称典范，至少我个人是这么认为的。她们像照顾小孩一样，无微不至地关心自己的丈夫。中国的夫妻也会离异，但是比法国少得多。女人结婚后也不会更改自己的姓。

　　中国女人通常掌握着家里的财政大权，她们花起钱来也不含糊，富裕阶层是这样，中产阶级也不例外。在中国，中产阶级的人数在 2 亿左右。她们喜欢网络购物，喜欢在超市采购，也喜欢大商场一楼的香水和化妆品。

　　得益于中国经济的迅猛增长，中国妇女也实现了"大跃进"。

我曾经去过北京的一家大型夜总会，那里的客人大多不到 25 岁。上千的红男绿女在震耳欲聋的音乐和刺眼的闪光中狂舞，令人仿佛置身在美国风格的迷幻之中。这种场所相当昂贵。穿着超短裙、黑丝袜和高跟鞋的年轻女孩子浓妆艳抹，和着各种音乐的节拍扭动，这些音乐我大多数都没听过。

有一位年轻姑娘和她的男友，是开着一辆火红的宝马车来的。当我问他们，一晚上消费这么多洋酒会不会心疼时，他们若无其事地告诉我，根本没必要担心，他们明天就能把今天的消费挣出来，没准儿还多一倍呢。

中国的年轻女性，看起来很快适应了现代化的生活方式，她们对未来充满了信心，成为拉动内需的引擎。我们的政治家和同胞反而赶不上潮流了，要是法国也有这样的消费群体该多好啊。

在法国的中国问题研讨会上，经常有人向我提出关于卖淫的问题，这个世界上最古老的职业无疑十分吸引欧洲人的眼球，这个问题好像在亚洲非常突出，而且也非常引人注目。在"文化大革命"期间，卖淫在中国几乎已经销声匿迹了，即使今天在中国也依然比较罕见。作为一个社会主义国家，中国是不可能听任卖淫泛滥的。

正规的按摩服务还是非常受欢迎的，好的按摩院也是门庭若市。比如广受欢迎的足底按摩，由专业按摩师操作，每次大约三刻钟，甚至还可以要求提供更高级别的服务，比如更换更高级别的按摩师、全身按摩等。我个人认为足底按摩对健康很有好处，中国人在这方面堪称大师。

哲学与宗教

中国的传统宗教认为世界是一个巨大的宇宙空间，其中包含了我们已知的所有事物：天、地、海洋、人、动物和神，万物都是有生命的。关键是要努力实现人与自然之间最大限度的和谐。数千年来，儒、释、道三家深刻地影响了中国文化。除了这三大主流派别，其他一些传统或地区性的宗教也不同程度地存在。

一些庙宇和山岳受到崇拜，比如五台山、衡山、华山和嵩山。五岳之首泰山是朝圣的名山，山上住着得道的高人。

中国的第一批基督徒诞生在公元 7 世纪的唐朝都城长安。当时从外国传入中国的诸多宗教中，来自印度的佛教得到了最大限度的发扬光大。

从教徒所占的人口比例看，基督教和伊斯兰教在中国没有太大的影响力。只有中国西北部的新疆维吾尔自治区和宁夏回族自治区，穆斯林的数量占到了多数。截至 2010 年，在 13 亿中国人中有 2000 多万穆斯林，约占人口总数的 1.5%。

历史上，中国与印度、波斯的文化交流促进了伊斯兰教在中国的传播。

尽管天主教的影响遍布法国，但是在中国，信徒的数量比较有限。我们法国人恐怕难以想象，中国教堂的门上会贴着弥撒的时间表。

16 世纪，随着传教士到达中国，欧洲人才第一次了解到中国的宗教和哲学。其中最著名的应该是意大利神父利玛窦（1552—1610），他于 1582 年到达澳门。在其他传教士的帮助下，他成功地赢得了儒臣们的信任，并且见到了当时中国的皇帝。通过学习汉语，传教士们很快熟悉并适应了中国的习俗、文化和礼节。随后，他们允许在基督教仪式中融入一些儒家的礼节。不过，这些传教士的努力收效甚微，中国人对西方宗教的兴趣远不如对天文学和数学的兴趣大。

与法国媒体的歪曲报道不同，今天的中国人拥有完全的宗教信仰自由。北京的喇嘛庙享受中国政府的资助。在这些庙里，上百名喇嘛自由地从事宗教活动，不受任何限制，跟在西藏一样。

6 世纪，佛教在中国的传播是那个年代非常重要的一件事情。随着帝国的扩张，佛教的地位也逐步达到了巅峰。其中，禅宗还传到了日本。其他传入中国的外国宗教逐渐衰落。845 年，佛教的势力过于强大，从而受到了打击。

宋代的哲学家朱熹（1130—1200），是理学的奠基人，他强调理性思维的重要性。

成吉思汗 1210 年征服了中原，1275 年马可·波罗到达北京（当时被称作"元大都"），基督徒们也纷至沓来，寻找盟友以对抗伊斯兰教。

儒家思想和道教在中国哲学中也占有十分重要的地位。

儒家的代表人物孔子生于公元前551年，他的家庭十分贫穷，位于山东曲阜。他也曾一度为各国的王室工作，后来花了13年的时间在中国各地游历。由于不被当时的统治者认可，他回到家乡，教书育人。儒家思想的基本理念是国家统治必须建立在道德的基础上，所有公民都应该尽到自己的社会责任。后来的理学主张发扬自我，格物穷理。

道家的代表人物老子出生于公元前604年。他也曾经在朝廷任职，主张朝廷应该无为而治，后来退隐山林。途中，他在一位门吏的要求下将自己的主要思想写成著名的《道德经》。《道德经》是道教的经典之作，后来被很多人多次引用到实践中，也成为寻找长生药的重要索引。

我们很难对中国传统宗教的情况做出评价，因为儒家从不举行宗教般的仪式，而佛教的僧侣和道教的道士也只负责组织宗教仪式，不会像基督教一样组织信徒。

中国的美食和饮料

中国的美食花样繁多，分成多个菜系，法国的中国餐馆并没有反映出中国美食的真实情况。其他国家的很多餐馆，如越南餐馆、老挝餐馆、柬埔寨餐馆，都打着中国餐馆的幌子，目的是招揽尽可能多的顾客。

在法国的亚洲餐馆中，只有泰国餐馆和韩国餐馆算是基本保留了本国的特色风味，这些餐馆提供的中餐菜肴也会标注为中国菜。在法国，货真价实的中餐馆会非常明显地注明其地区风味，例如川菜、粤菜、蒙古菜或者上海菜。

中国的菜系绝对是世界上最为复杂和多样的，这是由于中国地域辽阔，各地的风俗迥异。最著名的八个菜系分别是：粤菜、鲁菜、苏菜、川菜、徽菜、浙菜、湘菜和闽菜。我个人认为还应该包括蒙古菜和新疆菜这两种菜系。

根据中国烹饪的五味（甜、咸、酸、苦和辣）和地域分布，我个人把中国美食分为以下三类。

南方菜：口味偏甜，喜欢蒸熟食物，善用糯米、面粉、鱼虾、贝类、禽类等食材，偶尔还会有狗肉、蛇肉等。

北方菜：口味偏咸，善用面粉，喜食面食和肉类，如水饺、包子、烤鸭、火锅等。

中西部菜：口味偏酸辣，大量地使用红辣椒和花椒。

在边境地区的蒙古族和维吾尔族喜食羊肉。由于居住空间更大，他们基本上选用烤制的方式烹调。即使在冬天，蒙古包里也有办法从房顶排放油烟。在西藏，主要靠牦牛提供乳制品和肉类。

中国的民族饮料是茶。据说中国有上万种茶叶，受到海拔高度、土质和气候的影响，茶的品种和品质多种多样，有点儿像我们的红酒，有些茶叶的价格十分昂贵。还有些饮料不完全是茶叶，例如最有名的菊花茶。

在内蒙古，最受欢迎的是马奶茶；而在西藏，酥油茶更受到人们的喜爱。我早期去中国的时候，几乎见不到牛奶，只有英国人在香港新界搞了一些畜牧场可以提供牛奶。

在广东的时候，有人对我说，中国人的胃与西方人不同，不能消化乳糖。我在前面的章节中谈到我在中国腹地的游历，这种说法可谓不攻自破。

后来，中国与法国诺曼底的一家合作社签订了协议，极大地提高了生产乳制品的能力。如今，无论是老年人还是儿童，每天喝牛奶已经是稀松平常的事情了。

中国的男人喜欢喝啤酒。啤酒的品牌非常多，通常是用生产啤酒的省份或者城市命名。在法国，最为出名的中国啤酒是青岛啤酒。中国人也很喜欢用大米或者高粱酿成高度白酒，比如著名的茅台酒，度数在 53 度左右。茅台酒的包装很有特色，价格也十分昂贵，通常只在重大节庆活动的时候才会出现在餐桌上。我在毛泽东欢迎尼克松的宴会上就见到过茅台酒。

葡萄酒是近些年的新事物。中国人喜爱的白兰地也是最先在香港兴起的。在"人头马"的官方网站上我们可以看到，第一批出口到中国的"人头马"是在 1910 年运抵的，当时被称为"上等香槟"。人头马公司还曾经试图将法国的葡萄引入中国，作为酿酒的原料，他们选择了类似法国沿海地区气候的山东。不过，他们后来发现这种葡萄酿制的白葡萄酒氧化速度快，效果不好。中国本土的白葡萄酒品牌有"长城"和"王朝"，它们虽然完全使用法国葡萄和工艺，但是酸度过高。后来它们改为酿制红酒，反而取得了巨大的成功。

中国的一个著名医生曾经劝男性每天饮用一杯红葡萄酒，认为可以延长 5 ~ 10 年寿命，这极大地刺激了法国的酒商们。最先抢占市场的是波尔多红酒，以圣艾米利安和梅多克为代表，而勃艮第和罗讷河地区的红酒知名度还不高，大有潜力可挖。香槟逐渐开始为人们所接受，得益于重大的颁奖仪式，特别是在上海举办过的一级方程式比赛。

不过甚为遗憾的是，法国的酒商不够谨慎，把注意力过度集中在高档红酒上了。大量的普通红酒也出口到了中国，有些甚至称得上是劣质红酒。我在海关看到了大量装在塑料桶里的散装红酒，之所以使用塑料桶，是因为塑料比玻璃轻，更方便运输。这些散装红酒运到中国后再装瓶销售，质量和价格就可想而知了。

即使是最富有的中国人也不一定对红酒非常了解，更不用说普通的中国人了。不过在中国，家里藏有红酒是非常时髦和彰显身份与品位的。我曾经在一位喜欢附庸风雅的中国商人家里，见到他把名贵的"PETRUS"和拉菲红酒放在用强力聚光灯照射的温度很高的酒柜里——这些酒肯定没法喝了。

从法中贸易的历史看，引导中国消费者正确消费我们法国的产品是十分必要的，下一章我将重点讨论这个问题。能卖出产品当然很重要，但如果能卖对产品就更重要了。我在中国一些餐馆里见到有人把可口可乐兑红酒喝，我不相信这样红酒就会变得好喝，不过这么喝可乐倒不错。最后，中国的女性不喜欢含酒精的饮料，所以还是向她们推销香水吧，酒就不用考虑了。

第三章

在法国和中国之间

向我的挚友邓小平致敬

中国到底是我们的朋友还是敌人？

中国人对我们法国人一直是另眼相看的。周恩来总理曾经在一次与我的谈话中说："法国人和中国人有两个重大相同点，就是农业和美食。我们两个国家是世界上最懂得享受美食的国家。"对此我非常赞同。他又加上一句："其他国家的人好像不知道怎么享受。"

中国人当然既有优点，也有缺点。他们认为我们法国人是蹩脚的商人，做事情不是太早，就是太晚，总是踩不到点上。

一次我陪同法国工业代表团访华，其间，一个中国商人凑近我的耳朵小声说："法国人就像一个最后一分钟赶到火车站的乘客，火车已经开动了，他拼命地追，有时候还真能追上最后一节车厢！"

当然，在某些方面，中国人对法国还是很敬仰的。在他们看来，法国是一个充满文艺浪漫色彩的国家。受过良好教育的中国人对法国的著名作家耳熟能详，例如巴尔扎克、夏多布里昂和大仲马。我的好朋友沈大力就致力于这些名家名著的翻译工作，他自己也创作了很多知名作品，例如《梦湖情侣》和《延安的孩子》等。

但中国人印象最为深刻的，可能是戴高乐将军在 1964 年 1 月 27 日率先与中华人民共和国建交。当时阿兰·佩雷菲特在蓬皮杜总理的政府中担任新闻部长。戴高乐将军的这一举动出乎所有人的意料。巴黎和北京同时发布了简短声明。爱丽舍宫宣布："法兰西共和国政府与中华人民共和国政府共同决定，自即日起建立外交关系。双方将在三个月内互派大使。"

戴高乐将军高瞻远瞩，这一决定不仅为两个国家后来的良好关系打下了十分牢固的基础，而且造成了全球性的影响，成为两国改善关系的楷模之作。当时世界正处于"冷战"时期，整个世界分裂成两大阵营，军事对抗，关系紧张，一个措辞简洁的声明中所透露出的重大决定无疑需要极为巨大的勇气。至今，这份声明仍被人视为破冰之举。

法国人的拙劣

1000 天都不一定做成一件好事，一天就足以做成一件坏事。

——俗语

干预中国的内政是我们法国人最为愚蠢的想法。中国人什么时候管过我们的事了？他们干预我们国内的政治了吗？当然没有，所以我们也应该礼尚往来。一个中国政府官员曾经反问过我："我们什么时候关心过你们科西嘉岛的问题了？"

我们曾在最不恰当的时候利用西藏和台湾问题去刺激中国。就此问题我发表过无数言论，立场十分鲜明。最为不可思议的事情是，我们国家那些最为积极批评中国西藏政策的人，他们从来没有去过西藏，也没有去过中国任何一个省份。

2008 年 12 月，法国总统萨科齐会见达赖喇嘛，其后果是长达 16 个月的混乱。我全力以赴，利用我在中国的人际关系，努力收拾这个残局。前面专门有一个章节讲述了我对西藏的认识，我曾经亲身到那里访问过，我所记载的都是我的亲眼所见和我的切实感受。我们的大多数媒体和政客则不然，要么重复以前的陈词滥调，要么草率地得出结论。他们基本上没有去过西藏，我甚至怀疑他们是否有能力在地图上指出西藏的准确位置。在这个复杂的问题中，我们不应该匆忙地决定自己应该支持或者反对哪一方，而是要认真研究当地人民的历史，了解各个民族之间的关系，掌握他们植根在虔诚信仰中的文化发展历程。

我一直认为，如果法国不犯那么多愚蠢的错误，中法关系一定要比现在好得多，而且法国也能从中获得更多的经济利益。

仅仅是发表一些泛泛的声明或者出访几次中国，完全不足以建立双方持久的商业信任；会见友好城市的代表团或者举办一些官方庆典活动也是不够的。关键是在这些活动之后采取实际措施，保证双方的目标得以落实。我反复向我的同胞阐述这一点，包括议员、政府官员、企业家和中小企业的老板们。

双方建立友谊当然是首要的事情，尤其是和中方的重要人物，但在此之后的相应措施也必须得到有效推进。我们法国人总是喜欢把精力放在没完没了的宴会上，热衷于双方亲切握手，然后组织庞大的代表团访华，代表团成员对旅游的兴趣往往占据了首位。

我们法国人内部需要更好的协调。一个中国政府的官员曾经对我抱怨说："我们完全不知道应该和你们法国哪路神仙打交道。每周我们都会接待一个法国代表团，有地区议员、市长、副市长、国会议员、参议员等。每个人都说他们那个地区是最好的。"

我们还缺少务实和团结。中国人在很多领域仍然需要学习其他国家的经验，因此他们需要我们，需要我们的专业技能和我们的实施能力。最好的办法就是回应中国人，满足他们的期望。中国不是一个供议员们公款旅游的国家。再不采取行动就要晚了，其他国家，如德国和意大利很快就会走到我们前面，并占据有利地位，那时候我们只能眼睁睁地看着火车开走。

我想举一个非常典型的例子。中国人对阿尔卑斯大区的薰衣草有非常浓厚的兴趣。这听上去有点儿匪夷所思，不过确是如此。法国人应该赶紧抓住这个商机，把薰衣草引入中国，并且把种植技术传授给他们，还可以教给他们如何提炼香精以及加工生产各种产品。通过这种方式，我们就可以与中国人建立商业合作关系，成立合资公司。这是一个双赢的做法。

我认为，法国人必须放弃畏惧心理，不能害怕我们的技术流失。其实，中国人早晚有一天能够获得这些技术。与其等他们自己研发出来或者从别人那里获得，不如我们现在主动提供，以换取长期的商业利益。

中国人不想要的商品你永远都不可能卖给他。当一个中国的头面人物到法国来的时候，他会做什么呢？ 2013 年 10 月，广州市的新市长访问里昂，就给了我一个很好的启示。广州是中国一线城市，人口大约 1500 万。我认为，当时我们应该把罗讷大区八个省的特长展现给他，然后问他两个非常简单的问题：

"您对什么感兴趣？"

"您需要什么？"

如今这个时代已经远不是向非洲推销铲雪车的年代了，可是罗讷大区作为仅次于巴黎大区的法国第二大经济大区，却没有很好地推销自己。我和一个中国代表团成员提及罗讷大区时说道："罗讷大区有些山区省份的风景很棒。"

他一脸惊讶地反问我："您在说什么？"

我解释说我所指的是勃朗峰，他马上恍然大悟。谁都知道勃朗峰，他当然也不例外。要想向对方把一件事情解释清楚，最好的办法就是用他已经熟悉的事物，比如勃朗峰就是现成的资源，尤其是对于发展旅游业而言。我们应该组织中国代表团从里昂出发探访阿尔卑斯山区，例如勃朗峰或者其他非常著名的景点，这样绝对会给他们留下深刻的印象。但是，我们非常不擅长利用现有的宝贵资源展示我们自己。

法国人在其他很多方面也做得非常糟糕，就像我在本节开头引用的那句话一样："1000 天都不一定做成一件好事，一天就足以做成一件坏事。"

雷诺汽车公司曾经在 20 世纪 60 年代计划在中国销售它的四马力汽车（四马力是雷诺的一种著名车型）。为打开中国市场，雷诺公司赠送给了广州市四辆新车，把它们全部涂成了白色，闪闪发亮。可是车运到中国后，刚刚到岸就被当众扔到了大海里！这完全是雷诺公司的管理层对中国一无所知造成的。在中国，"四"是一个不吉利的数字，更别提白色是丧葬的颜色了。就这样，两个致命的错误毁了一笔商业交易。

无知不仅造成错误，还会产生不必要的恐惧。由此就不得不谈到法国人始终对中国持有的防范心理。法国老百姓普遍担忧的所谓"黄祸"完全是主观臆想出来的，应该尽早予以破除。我还记得法国 20 世纪 50 年代曾经推广过有轨电车，当时在枫丹白露投入运营时，人们普遍认为有轨电车会威胁到行人和自行车的安全。由于车身涂有黄色的油漆，有些人就把这种有轨电车称作"黄祸"。

法兰西学院院士阿兰·佩雷菲特在他的著作《苏醒的中国：邓小平时代的路线图》中提到了我："致我的朋友温明登，感谢他为法中友好关系做出的开拓性努力。他在这本书的第 272 页，客观地陈述了 20 世纪 90 年代的法国企业，特别是中小企业在德国和意大利的同行面前，无力在中国市场上竞争的悲惨局面。我在此想再次引用本书开始部分的中国名言：'不怕慢，就怕站。'"

阿兰·佩雷菲特在书中还回顾了法国企业家们对中国蜻蜓点水式的访问，以及法国企业之间的相互倾轧等现象，他批评法国企业不懂得利用诸多贸易发展机构的便利，而且做事情畏首畏尾。时至今日，我认为这些现象依然存在，希望法国人认真思考下面两个问题：

"法国的中小企业为什么没有真正进入中国市场？"

"法国的中小企业为占领中国市场的份额都采取了哪些措施？"

我曾经在中国下榻的酒店里看到一个由 200 名企业家组成的德国代表团，他们回国时每个人兜里都揣着一份刚刚签署的合同。可是法国的企业家们，在去中国之前首先关注的问题是自己有没有注射相应的传染病疫苗，或者在中国哪里能够吃到美食。

我想回答他们可能还是用这个例子比较好：

"放心吧！在中国吃的鱼都是鲜活的，没人会给你们吃冷冻的鱼！"

为什么要到中国发展？

中国的现状

中国的劳动力成本比较低，中国人历来是以勤劳闻名于世的，而且吃苦耐劳的精神举世罕见，可我们法国人还在为 35 小时工作制争吵不休。双方一比较，反差何其鲜明。中国的工程开工后，一般不会暂停，而是 24 小时轮班倒地施工，没有人会去组织罢工。

中国的经济增长率令所有西方国家汗颜，即使在 2008 年的金融危机之后，中国依然在 2009 年实现了大约 9% 的增长率，处于领先地位。中国还采取了很多措施，刺激内部需求的增长，以消减出口减速给国内带来的不利影响。无论是火车上，还是餐馆里，都是一派人头攒动的热闹场景。人们携带家眷，在全国各地旅游观光，有时会去那些非常偏远的地区，旅游过程中还要选购各种各样的纪念品或土特产。这就是为什么中国的内需市场呈现出爆炸性的发展，每年的增长率超过 25%。

中国产生了很多亿万富翁，不过大多数农民的收入仍然很低。中国的社会结构是复杂的，贫富不均在一定程度上依旧存在，而不同社会阶层之间的联系又非常紧密。

中国人对舶来品始终比较谨慎

自古以来，中国人对外国输入的事物始终保持着极大的好奇心，同时也保有很大的警惕性。作为世界大国之一，中国人一直认为外面的世界没有什么实质性的东西，这种想法已经植入他们的文化之中了。

对西方人来说，方向只有四个，即东西南北。但对中国人来说还有第五个，所谓第五个方向——中央，指代的就是中国自己。这就证实了中国人的祖先们并不认为在中国之外还存在什么事物。当然了，现代中国人的思路已经完全不同了。中国人似乎仍然喜欢购买本国产品，比如在中国很多大城市都开有连锁的家乐福超市，但绝大部分商品都是中国货，可能只有5%是法国产品。我们必须面对现实，在中国，像家乐福、欧尚这样的法国大型超市，法国本土商品的市场占有率微乎其微。

法国人应该向中国人推销什么样的产品？

中国的发展速度十分惊人，今天大约有超过2亿中国人已经接近或达到富裕阶层，这些人拥有较高的物质生活水平，在采购奢侈品时往往首选法国品牌，例如红酒、白兰地和香水等。这个市场的规模远远超过法国本土市场。中国有很多专门出售这类奢侈品的商店，富裕阶层对奢侈品追逐的目标基本都是包括法国品牌在内的国际一线大品牌。

中国人对高科技也非常感兴趣。不过法国人在高科技输出这个领域却过于谨小慎微了，我们总是担心："要是我们把技术卖给他们，他们是不是会很快就消化吸收了，然后反过来把产品再卖给我们？"

事实上，这种事情在很多行业已经发生了，而且中国人进步的速度非常快。如果我们用双赢的思维去看待这个问题，结果就会截然不同。

合资企业

可能对外国企业来说，在中国成立合资企业是一件挺麻烦的事情，中国人总是希望掌握绝大多数的股份。这样随着业务的不断拓展，中方可以随时增加投资。

假如中方突然提出增加一亿欧元的资本金，法方往往不能马上跟进投资，其所持有的股份就会被稀释，发言权自然也随之降低。很多合资企业都发生过这样的情况。

不过近些年情况在逐渐好转，外国公司可以成立独资企业，不一定必须有一个中方的合资伙伴。一般人都会觉得不可能，可是我本人就曾经促成了几个成功的法国独资企业在中国的开立，后来的利润相当可观。在这类企业中，除了管理层有少量的法国雇员外，雇员多为中国员工，无论是股东还是员工，都从企业的发展中获益良多。

外语

法国人通常不擅长掌握和使用外语，尤其是复杂的中文。中文的常用汉字就有几千个，使法国人在听说方面已经困难多多，能读能写更是天方夜谭。不过，很多法国人连英语都不掌握就不能原谅了，毕竟英语是国际通用的商务语言。我建议法国商人聘请一个中国译员，哪怕是英语译员。由于译员的英语水平通常很好，在与他们的母语转换时会比较准确。如果还不放心的话，可以聘请两位译员。

时间概念

中国人和法国人对时间的概念完全不同，常常是一方风风火火，另一方慢条斯理。比如说，一个法国企业家想去中国寻找合作伙伴或市场机遇之前，一定要避免下面这种常见的思路："我再晚也要赶上周五晚上的航班，这样我就可以回家过周末了。"

中国人对我们这种习惯已经完全掌握了，对于法国人急着赶飞机的想法，他们早就了然于胸，所以很多人会赶在周五晚上签合同，有人称之为"在飞机机翼上签约"。

中国人需要与合作伙伴建立信任感，这是怎么强调都不为过的，而且在这个问题上，他们非常有耐心。我建议法国人，如果中国人请你吃晚饭，即使日程很紧张你也一定要答应，拒绝别人的邀请是十分失礼的。在中国，热情待客是商业谈判中一个基本要素，一定要入乡随俗。

这种好客的传统有着深厚的历史渊源，承载了中国人民曾经经历过的痛苦回忆。中国人有他们独特的问候方式，例如："你吃了吗？"假如你不能理解中国人的这些习惯，你最好还是直接登上飞机回法国吧，你永远都不可能和中国人做好生意。

我本人从不饮酒，不过一次酒场上的经历让我深刻认识到了中国人对酒文化的重视程度。一位中国北方省份的省长宴请我，接近尾声时，省长一定要我与他干一杯茅台酒。结果一发不可收拾，我连喝了十四杯茅台酒，醉得一塌糊涂。第二天早上，我一脸菜色，上下楼梯都得扶着走。当我问到主人的情况时，别人告诉我，他醉得比我还厉害。就是在这种推杯换盏的场合中，我们结下了真挚的友谊。法国人也贪恋杯中之物，贪恋的程度和中国人不相上下。

中国的汽车市场

我之所以专门阐述汽车市场，是因为我认为这个行业对法国的意义重大而深远。我认为法国企业在这个市场上犯了很多错误，没有投入足够的精力去研究市场，更没有认真研究中国汽车消费者的需求。满足了法国消费者的需求不等于满足了中国消费者的需求。此外，选择合适的合作伙伴也是至关重要的。如果我们能够从以前的错误中吸取足够的教训，及时地总结经验，我认为亡羊补牢，为时未晚，法国仍然有可能从中国的巨大市场中分得一杯羹。

我非常怀念 20 世纪 70 年代乘坐过的中国国产"红旗"轿车，这是一种高档轿车，装配了涂上白漆的宽大轮胎。当时还没有机场高速，通往机场的道路是一条林荫马路，路上车辆稀少，经常可以见到农民养殖的家畜和家禽，也能碰到骡车。

几十年来，北京的城市面貌发生了翻天覆地的变化，自行车道被缩减，机动车道得到加宽，汽车已经成为最主要的交通工具。有意思的是，在法国的城市和乡村，情况却恰恰相反。

1979 年，我在中国开上了"红旗"汽车

官方统计显示，中国的机动车保有量在 2012 年已达到 2.4 亿辆，其中北京占有 500 万辆。北京有六条环线，其中三条长期处于高度拥堵状态。每年发放的驾驶证的数量都比上一年增加 30%。

汽车市场高速增长的最大受益者是美国和德国的汽车公司，例如别克和大众。日本汽车公司虽然是最早进入中国市场的，但是由于两国关系紧张，销售量相对有限。

20 世纪 80 年代，标致汽车（PSA）公司在广东建立了一家合资企业。当时法方的一名谈判代表曾经征求过我的意见，不过可惜的是，他没有采纳我的建议。当时的广州市政府对中国汽车市场的预测并不是特别乐观，因此合资企业采取了从法国进口零配件、在广州组装的做法，组装好的整车还会部分出口到东南亚地区。

当时生产的车型只有标致 504 轿车和标致 505 旅行轿车。不过等第一批整车下线时，中方的合作伙伴居然不见了！为了消化库存，中国人不得不把这批车卖给中国警方当作警车使用。那个年代，全广东的警车都是标致牌的。

我在前面曾经谈到过，PSA 公司之后也曾经做过其他尝试，在被誉为"中国的火炉"的武汉市，建立了另外一个汽车厂——雪铁龙公司。刚开始的情况是十分糟糕的，销售量一直上不去，因为生产的小型车并不能满足中国市民的需求，他们更喜欢带有后备厢的四个座位的轿车。当时，我还帮助广告公司拍广告片，内容是从直升机上航拍长城上的雪铁龙汽车。广告片拍好后却只是在法国播放了。

德国公司经过长期观察，在中国市场投放的是四座轿车，配有宽敞的后备厢，而且价格比标致更有竞争力。

法国公司不得不再次清理库存。这次是北京的出租车公司得了便宜。这些车由于体型太小，只能在市区和指定的区域运营，后来全部都被淘汰了。

即使如此，法国汽车企业在中国仍然有潜力可挖，虽然法国汽车的市场占有率只有微不足道的 3.5％，不过总好过没有。后来，法国汽车企业开始大力引进各种新车型，尤其是高端车型，以满足日益富裕的客户需求。雷诺公司至今还没有在中国设厂，也许在不久的将来，雷诺公司会填补这块空白。

香港，一个完美的机遇

一个国家，两种制度。

——邓小平

从 1997 年 7 月 1 日起，英国对香港的殖民统治正式结束，香港回归到中国，正式名称是"中华人民共和国香港特别行政区"，不过一直到 2047 年，香港都可以保留自己的自治权和司法体系。最大的变化在于，英国的香港总督被中央人民政府认可的特区行政长官取代。

香港与内地往来要通过设在深圳的口岸。从香港去深圳，乘坐地铁只需 45 分钟即可到达。有很多人出于工作的原因，经常在香港和深圳两个城市之间穿梭。

随着中国于 2001 年加入世界贸易组织，香港的 30 万家中小企业获得了发展的良机。以前，它们主要从事向世界其他国家和地区的出口贸易；如今，它们也可以参与开发巨大的内地市场。为了进一步刺激经济发展，中国中央人民政府还计划在内地、香港、澳门之间建立自由贸易区。

中国制造，还是法国制造

　　我在本书中用大部分篇幅向法国和中国的读者分享了我的经历和我所做出的努力，对我来说，中国和法国都是我的祖国。在结束回顾之前，我希望下面的案例能够更加深入地引发读者的思考。这个合作案例非常复杂，也非常有代表性地说明了当今世界生产和流通领域的特殊性。

　　如今世界的商业竞争已经是全球性的了，只有最强者才能胜出。这个观点我想大家都不会持反对意见。产品在哪个国家制造已经不重要了。下面的例子将会证明，提高竞争力的重要手段之一就是采取足够聪明的做法。希望每一位读者都能获得一定的启发。

　　2012 年，我受法国参议院委托，负责组织接待一个中国代表团，其使命是与沙托丹市建立合作关系。

　　德龙省参议员让·贝松，同时也是参议院法中友好协会的主席。在他的帮助下，我得以借用参议院的美第奇大厅来接待这个代表团。参加这次的活动的贵宾有：时任驻法大使孔泉的代表、

前议员亨利·夏贝、沙托丹市市长迪迪埃·于盖，以及由十几个
成员组成的中国代表团。这次活动的目的是什么呢？沙托丹市将
向中国企业免费提供一块土地，用于兴建工厂，中方承诺将在本
地招聘员工，法方员工的比例将不低于80％。项目定位于可持续
再生能源，首批产品将是太阳能电池板。如果第一期进展顺利，
后续将生产风能产品。

我对这个设想并不完全认同，因为此类产品在法国已经过剩
了，尤其是考虑到劳动力成本的因素，我认为这个项目不会有很
强的价格竞争力。

当我表露出我的担忧时，中方代表团团长解释说，项目的目
标市场并不是法国，而是北非地区和撒哈拉以南非洲的法语国
家。我这才恍然大悟，原来他们是将中国生产的零配件运到法国
组装，然后再以产品为法国制造的身份打入非洲市场。

这个做法巧妙地解决了非洲国家从中国进口商品所面临的进
口许可问题。另外一个好处是，有效降低了法国这边应收账款的
风险成本，因为这批产品的进口国家变成了法国。

我早就知道中国人是天生的生意人，我们法国人也应该从
中学到点什么。生意场上的实用主义可不是轻易就能学会的，
还好，这件事情至少能让我们了解自己的不足，将来可以对症
下药。

通过这个项目法国能够获得多少利益呢？在我看来只有很少
的一点就业机会和税收，主要的生产环节仍然留在了中国。

不到一年时间，企业开始运转，中国人通过出口"免税的"

半成品受到了很大鼓舞。

中国的战略意图和部署已经十分清晰，他们已经不仅仅满足于欧洲市场，已经开始向广漠的阿拉伯语世界——非洲市场迈进，基于此，沙托丹模式将会在法国逐渐普及。我们没有任何理由指责他们因为要努力发展自己的经济而开拓广阔市场的雄心。

新的"丝绸之路"

未来的战争不会是军事上的，而是经济上的战争。当一个美国人挣 25 美元时，他们会花 26 美元。当一个中国人赚 1 美元时，他只花了一半！你认为谁会赢得这场比赛？这只是时间问题！我希望各国元首用他们的智慧，为我们化解纠纷，带来和平。

我观察并试图了解中国人已经 60 多年了，中国的人口从 1956 年的 7 亿叠增至现在的 14 亿。2019 年，中国驻法大使馆举办了隆重的仪式庆祝法中建交 55 周年，时任中华人民共和国驻法大使翟隽主持了开幕式。同年，卢沙野先生被认命为新一任驻法大使，他曾经是吴建民和赵进军大使的顾问，因此对法国非常了解，并且会说一口流利的法语，他也曾是中华人民共和国驻加拿大大使。

习近平主席于 2014 年 3 月对法国进行了为期 3 天的国事访问，第一站访问里昂市，然后去爱丽舍宫见了等待他的奥朗德总统。2019 年 3 月，习近平主席应邀再次访问法国，中法关系以一种全新的面貌展开。

法国总统埃马纽埃尔·马克龙曾经是奥朗德政府的经济部长。他在 2018 年访问中国之前，一点儿都不了解中国，我及时给他送上我写的这本书，他向我道谢！

中国国家主席习近平正在证明自己是一位同样优秀的战略家，他在 2013 年提出的建设"一带一路"合作倡议，使一系列连接中国和欧洲的海上航路和陆地铁路相通。通过哈萨克斯坦、俄罗斯、波兰、德国和法国，穿越近东，这条走廊旨在通过降低运输成本开发中国西部，并促进贸易往来。到 2021 年 6 月，已有 140 个国家与中国签署了共建"一带一路"的文件。

关于铁路，从湖北省武汉市出发的火车，在不到 15 天的时间内能够行驶 11500 公里到达德国。这条线路能够每周一次到达法国里昂市的维尼西厄（Vénissieux）站。铁路运输货物的成本比空运便宜 80%，虽然由于铁轨转换，中途需要转运集装箱，但并不浪费多少时间。中国也已经投资了许多港口，例如比利牛斯山脉（希腊）的港口，海上航道将变得更加畅通。

2019 年 1 月 10 日，IRIS（国际和战略关系研究所）在联合国教科文组织总部发起丝绸之路的高峰论坛。在官方邀请的演讲人群里，我有幸重逢我的朋友：让-皮埃尔·拉法兰前总理、原中国驻法大使孔泉、时任驻法大使翟隽和联合国教科文组织副总干事曲星。

此次论坛发表了以下几条重要主题：

能源和环境挑战；

农业方面；

地缘政治和安全维度。

让－皮埃尔·拉法兰说，无论你喜不喜欢，新的丝绸之路都会在那里！马恩省的参议员和现任参议院外交、国防和军队事务委员会主席克里斯蒂安·康朋认为，这将构建一个新的世界秩序，也将是维护世界和平和推动新经济发展的巨大动力。

至关重要的是，拥有 4.5 亿居民的欧盟不会分头行事，希望中国能投资欧盟各国。不要忘记，非洲是受益最大的，这片陆地上的人口将会剧增，因此他们对水、医疗设备与卫生服务的需求量亦会剧增，中国将在其特别关注的新基础设施方面给予资助。

法国应该抓住机会，及时给予支持，而不该错过这趟火车。机不可失，时不再来！

带领法中协会开展合作

2016 年，在一位老朋友的介绍下，我认识了蔡景瑞女士。她是法籍华裔，家中四代都是中医，是持有世界针灸师证书的针灸医生。她治愈了我不堪忍受的病痛，其间我们相互了解并欣赏。之后，她协助我一起完成了本书后半部分的书稿。2017 年 7 月，在全体协会成员的认同下，蔡女士正式接受我们的邀请，任法中协会秘书长一职。2018 年 1 月 17 日，她陪着我一起接受了让 – 皮埃尔·拉法兰前总理的接见。

菲利普·内若特教授是全球著名的骨科手术医生，尤其是膝盖手术的权威，我们准备在贵州省开展一项健康支援项目。几年前，在联合国工业发展组织委托的一项任务中，我到访了位于中国西南的这个美丽省份。这里有着纯净的水源与无污染的土壤，海拔在 1100 ~ 2900 米，属于山区，大部分面积被森林覆盖，分布着苗族和侗族等很多热情好客的少数民族。

2018 年，我带领的法国代表团在 7 月 11 日到达贵州，开始进行访问和会谈。当时的贵州省副省长主持了会议并接见，我们还见了省投资局局长和医院方面代表等。菲利普·内若特教授非常感兴趣，我们建议在贵州建立第一家中法合资医院。该项目立即得到了法国总统埃马纽埃尔·马克龙和前总理让－皮埃尔·拉法兰的书面支持。中方当即决定派代表团于 10 月底前往里昂拜访。

鉴于这项任务的艰巨性，我立即召开协会内部大会，敲定蔡景瑞女士为法中协会的秘书长，她作为在中国出生的法籍华裔，对我们协会起到了至关重要的作用。贵州省的代表团于 2018 年 10 月 20 日抵达里昂，我们分别在奥弗涅、罗讷－阿尔卑斯大区与里昂工商会发起了招商会议，有 100 多家企业参与。

就在那时，代表团团长提出想要我们帮助他们开展其他项目的合作，包括山地运动、旅游、农业等，例如建立奶牛场用于生产黄油、奶油和奶酪。

11 月初，陆青江女士被派到里昂担任新任总领事，我们是老朋友了，因为长期以来她在中国驻法使馆领事部担任参赞。11 月 29 日，奥弗涅、罗讷－阿尔卑斯大区主席洛朗·沃奎兹先生邀请我参加将于 2022 年在北京附近山区举行的冬奥会正式签约仪式。于是我带着几位协会理事会的成员去了贝里，很惊讶地见到了我的朋友布鲁诺·其福利尼，他回到了奥弗涅、罗讷－阿尔卑斯大区担任区域委员会的国际总监，当然也包括了我们的总领事陆青江女士。我还见到贝里市的市长和一些因为 2022 年的冬季奥运会而进入中国的企业领导人，并且认识了罗伯特·伯努瓦先生，他是克罗斯特高山协会的主席。我们约定再次见面，详谈关于贵州省与夏季山地运动的项目。

2019 年 3 月 6 日，我们参访了几个非常适合做深林、山地运动以及度假村项目的景点，而法国在运营这些项目上是具有世界性权威的。其中有两个景点，不但自然环境优美，而且居住着非常传统的少数民族，是非常合适的选择。我们被涌自地底下的温泉吸引住了，于是要了这里的水质监测报告。我想我们会在很短的时间内创建一座法式温泉，结合水疗项目，配备专业人员提供特定的按摩服务，这里将会是中国的第一家。

2019 年 3 月 7 日，我们见了一些来自当地山区的农民代表，他们带来了连着根的草和土壤。我曾经跟当地政府人员谈起过有关法国阿尔卑斯山最为出名的奶牛品种，用其产出的牛奶制作而成的奶酪享誉全世界。我们的目标还包括生产黄油，因为我发现，除了北京、上海的几个法国知名酒店外，在中国居然找不到地道的法国黄油，甚至连法航上面都没有，这真令人无法接受！

在他们临走时，我答应下次回访贵州时给他们带来法国的菊苣种子，那是一种生熟两食、爽口好吃、健康养生（不得不承认，我受蔡景瑞的影响，知道了很多养生常识）的蔬菜，因其外观，它还有一个别名——玉兰菜。这种根茎蔬菜非常容易种植，适合在阴凉处生长。北京、上海和广州的法国高级酒店经常会从法国空运而来，做成法式特色菜。它可以做成沙拉，也可以在烤箱中烤熟（中国人会考虑用炒的方式）。种植这种蔬菜可以使中国农民获得更多的收益。大家非常开心，我们在欢愉的气氛下合影留念。

文化差异造成的"误会"

由于中西文化的差异，我们差点因菲利普·内若特教授的膝盖手术计划而发生巨大的分歧。幸好，秘书长蔡景瑞女士干净利落的处事方案，让双方了解了前因后果，及时地化解了误会。

事情的经过是这样的 。2018 年 7 月菲利普·内若特教授随我们一起拜访贵州省贵阳市的时候，贵州省政府对我们一行的来临表示了热烈的欢迎，并且就教授在贵州省医院开展手术项目进行了多次交流与研讨，根据各方手续操作程序给了教授大致的落实时间。教授根据要求把所有相关资料留给了政府部门，结果在我们回法国之后，从 7 月份等到了 9 月份，又从 9 月份等到了 12 月份，迟迟不见回复。蔡秘书长多次写信咨询确认，而贵州有关部门总是很客气地把时间延后、再延后。大家可能有所不知，菲利普·内若特教授作为膝盖科手术的权威，他的工作档期是非常密集的，病患包括欧洲以及中东等多个国家的首脑。为了能够在中国做手术，他已经推掉了好几项重要的邀请。蔡秘书长担心再这样下去会产生外交矛盾，因此在 2019 年 3 月我们到达贵阳之后，立即与当地几位主要负责人召开了小型会议。会上，秘书长开门见山地说明了菲利普·内若特教授的工作情况，希望贵州方面能够清楚明了地给一个答复，如果是目前无法做到的，只需说明原因即可。省投资局局长马雷表示很欣赏蔡秘书长的做事方法，当即给出了答复：第一，在 2018 年 7 月份之后，他们咨询了好几家公立医院和私立医院，由于贵州省膝盖科手术并没有很多病患来源，需要做大量的宣传工作，因此在短时间内实在是无法实施的。第二，教授要求用的膝盖科手术的移植义肢产品，需要复杂漫长的审批手续。

原来如此，我们总算明白为什么这事一拖再拖了，中国人实在是不善于拒绝啊！

幸亏机灵利落的秘书长来了，并且勇敢地提出了问题。于是我当晚给教授写了信函，委婉仔细地解释了当前面临的这两大问题。

我之所以在本书中认真解释以上案例，是因为外交是一门高深的学问。中国的《孙子兵法》里面不是说过"知己知彼，百战不殆"吗？东西方因为传统文化、历史背景等方面的差异，社交误会屡屡发生。我们希望借此小插曲，让所有人了解到这一点，不至于重蹈我们的覆辙而错失良机，或因为误会而影响到两国的友好关系。

第一家中法医院

2019 年 3 月 2 日，我与秘书长蔡景瑞女士乘坐飞机前往贵州，寻找法中合作意向项目。2019 年 3 月 4 日，贵州省投资局应我们的要求组织了新闻发布会，会集了近百人和各领域的潜在合作伙伴。2019 年 3 月 4 日，我们拜访了白志祥医院，院长白贵春以热情的欢迎仪式接待了我们。他们的医院目前已经做到中西医结合，且相当成功。在座谈会上，我们与贵州省政府、贵州医疗专业权威人士等相互交流，谈中医与西医的互补性。这家位于贵阳市中心的医院因病房数量、手术室和康复室有限，正计划在贵阳新区建立新医院，非常希望引入外国专业人士以及新设备、新技术。

经过多次的考察、交流和协议会谈后，我们最终签署了中法医院的合同。目前，医院的建设已经完成。我们参加了竣工典礼招待会，待内部装修完成后就能向患者开放了。

关于这第一家中法医院的名称，我的建议被采纳：CHU FRANCO-CHINE CENTRE HOSPITALIER UNIVERSITAIRE FRANCE-CHINE。中文名称是：法中友好医院。除了提供医疗服务之外，还将为未来的医生和其他从事公共卫生保健的专业人员提供培训。中法两国的国旗将在医院门口上方并排飘扬。

2019 年 3 月份在贵州拜访期间，我们参观了贵安市的中国式水疗馆，以及乌当村的两处未被开发的地下水泉眼。我们发现，这些从地底下冒出来的 54 摄氏度的水并没有被好好利用，它们没有像法国一样被发展成一套完整的医疗方案，只是被当作假期的休闲旅游项目，甚至只作为酒店设施的一部分。

我们在与贵州政府方面，以及与医疗管理人士的交流论坛中，详细介绍了法国温泉的医疗作用，他们非常感兴趣并渴望尽快建立合作关系。因此在回访之后，我们联系了几位这方面的专家。中国方面提供的几处水质报告分析证明，这确实是水化学疗法专用的低矿物质水，水中含有硫化物、矿物质盐等多种有益于人体健康的化学元素。贵州政府表示愿意将包含来源的土地出租给我们。

除了我们的 CHU FRANCE-CHINE，我想我们还有可能建立一个拥有 200 张床位，并带有家庭度假旅馆的保健和休养场所。合适的生态状况和良好的环境质量，决定了贵州是中国唯一可以做到这一点的地方。

第 72 届世界卫生大会于 2019 年 5 月 28 日在瑞士日内瓦正式认可了拥有数千年历史传统的中药。目前，已有 194 个国家首次接受了这种非西方传统医学的治疗方案。我们把具有神奇治疗效果的针灸等传统中医疗法和西医结合起来。大家会发现，我们这所中法医院在医学学术界的巨大开发潜能。

后记

和平是人类共同的梦想，但是如果没有中国的参与，世界的和平将无从谈起。

——戴高乐

拿破仑曾预言过：中国是沉睡的龙，当他醒来时，这个世界将会动荡！

今天，沉睡的龙早已醒来，但他很平和，并没有使世界动荡，不过请注意，不要惹他们太多。

通过相信和理解中国，我今天自豪地宣布，我们已经取得了胜利，我们两国之间的信心又恢复了，两国的经济合作即将迈出重新携手共赢的新一步。感谢两国的伟人，例如阿兰·佩雷菲特、邓小平、雅克·希拉克、贝尔纳·阿克耶对我的支持与帮助。我的行动是朝着正确的方向前进的。

我们都是有远见的人，未来一定会证明我们是对的。法国作家朱尔斯·罗曼说，善意的人要和平。我决定延续中法协会的路线，以便将研究人员的想法和发现汇聚在一起，形成新的倡议，使我们两国人民能够从中获益。

法国总统马克龙的第二次中国之行，巧妙地避开了诸如新疆、台湾、南海之类的棘手问题，并且迅速跨过人权问题。在谈到有关香港的问题时，他也提出了对话的建议。对新闻界和媒体来说，这次访问是 100% 出于纯经济商业动机。当然，对观察家而言，这更是一种姿态。

法国总统与习近平主席的会谈是友好的，习近平主席夫妇赞赏在上海进博会的法国葡萄酒以及最好的牛肉之一"萨拉尔"。

马克龙总统坚持平息中美之间的贸易分歧，因为中美之间的贸易冲突对全世界是不利的。这无疑是个好消息，我与法中协会将继续竭尽全力为改善法中关系而努力。

我在最近几年拜访中国期间，曾与各行各业的人士进行交流，询问他们对当前政策的满意度。90% 以上的人回复我说，他们相当满意现在的状况，他们的幸福感越来越强，并且不同于欧洲与法国近年来屡屡遭受恐怖主义暴力袭击 (此时我必须坦白自己内心是相当沉重的)，他们认为自己的国家很安全。

在与贵州几位乡级领导的交流中，我不禁为习主席提出的省际对接的扶贫行动感到震撼，比如上海对接贵州的扶贫行动。习近平主席无疑是非常睿智的，这种为国家付出、牺牲的精神和行动，唯有在中国方可实现。再看看我们法国，这些年几乎所有的改革方案，均因各行各业、各部门不肯为国家放弃自己一点一滴的利益而无法执行，举步维艰！

我不禁赞叹，中国人的爱国精神值得全世界人民好好学习啊！

而我，也会继续努力。因为我知道，改善我们两国中小企业之间的关系还有许多工作要做，还有很长的路要走，我还要继续我在中国的长征。

雅克·温明登

2021 年 6 月

附录　法国人使用说明

　　要想真正理解法国和法兰西民族，理解他们的思维方式及历史渊源，然后在理解的基础上与他们打交道，对普通中国人来说也许是一件非常困难，甚至无法做到的事情。

　　我不是历史学家，但我还是愿意尽力寻找并挑选一些重要的事实，以便中国读者从历史的角度理解法国之所以成为法国、不同地域的法国人之所以会存在差异的原因。我希望能将此文作为拙作《我在中国的长征》中文版的一部分。

　　今天的法国人到底是些什么人？当年的法兰克人和高卢人的后裔数量已经屈指可数，基本上都是些农民或者渔民，几乎从未离开过祖上世代居住的地区。

　　我本人就有50%的高卢人血统，源于我母亲的祖先。我的外祖母是诺曼底人，而我的外祖父是勃艮第人。我父亲的祖父则是一位曾在拿破仑军队中服役的荷兰军官。

　　理解法国和法国人的最好方式，也许是从了解其地理位置和行为方式开始。为了更方便我的中国朋友们理解如何和法国人交往，请仔细阅读下文，我称之为《法国人使用说明》。

对中国朋友的忠告

如果你是第一次到访法国的外国人，你通常会被吓一跳，因为边境警察和海关官员往往都是有色人种。好多中国朋友都有类似经历，甚至会误以为飞机降落在了某个非洲国家，连我本人都有这个体会。有一次从北京飞行了 10 个小时返回法国后，飞机降落在戴高乐机场，我惊讶地发现周围全是穿着长袍的阿拉伯人，原来他们都是刚刚从沙特麦加朝圣归来的法国穆斯林。

如果你有中国朋友接待，那就万事大吉。如果没人接待，而且又不会说法语，英语水平也一般，那就比较麻烦了。

比较保险的做法是事先把酒店地址写在一张小纸条上，到时交给出租车司机。最好避免使用公共交通工具，你会被搞得晕头转向（随身必须携带中国驻法大使馆的地址和联系电话）。

到达酒店以后，建议把现金和护照保存在酒店房间的保险柜里，随身只携带酒店的房卡和地址。外国人，尤其是中国人，往往是盗贼的理想目标，重要的旅游景点是他们下手的首选地点。

你要是想去餐馆用餐，不要被餐馆的中文招牌误导，很多所谓的中餐馆其实提供的是越南、柬埔寨或者老挝风味的餐饮。

如果有公务活动，尽管时间已经预先确定，你还是要留意法国人的时间观念与中国人不同。特别要小心避开 7 月 14 日国庆节和 9 月初（开始结束休假）这两个时间点。

　　法国一共有 101 个省，省之上还有 22 个大区，后来被减少为 13 个大区，法国人通常都生活在相对固定的区域内，很少流动。

　　你碰到的所谓巴黎人，其实很少是真正的巴黎本地人。20 世纪七八十年代，大约 12 万巴黎人迁移到了外省。20 世纪 90 年代，大约有 57 万巴黎人搬到了更加活跃、生活水平更高的城市，例如里昂、南特、波尔多和图卢兹。在 2018 年以后，巴黎人更喜欢搬到里昂和波尔多去。

　　传统的法国人会很高兴向你介绍他的老家和大区。在外省这些传统地区，人们的家族姓氏往往源于高卢人，而且很容易让人联想到某种烹调方式、某个旅游胜地或者是某种美食。因此了解对方来自哪个大区至关重要，有相当的实用价值。

　　法国人通常非常喜欢享受生活，喜欢美食和美酒。这点和中国人一样，享受一顿美食大餐非常有利于拉近双方的关系。法国人也非常喜欢开玩笑。

　　法国的传统美食绝对不容错过，通常也符合中国朋友的口味。我强烈推荐以下几种：

　　里昂的青蛙（les grenouilles lyonnaises）、勃艮第的蜗牛（les escargots de Bourgogne）、烤猪脚（le pied de cochon grillé）、阿尔萨斯酸菜（la choucroute d'Alsace）、巴斯克的西红柿甜椒炒鸡蛋（la pipérade du pays basque）、马赛的蒜泥酱和鱼汤（l'aïoli et la bouillabaisse de Marseille）、奥弗涅的蔬菜炖肉（la potée auvergnate）、洛林的猪油火腿蛋糕（la quiche lorraine）、奥弗涅的鱼汤（la pochouse d'auvergne）、波尔多牛排

（l'entrecôte bordelaise）、诺曼底的舌鳎（la sole normande）、里昂的热香肠（le saucisson chaud de Lyon）、萨伏瓦的奶酪火锅（la fondue et la raclette savoyardes）。

以上每一种菜肴都有专门配套的葡萄酒。尽管法国美食花样繁多，但是肥胖率却仅有15%。

在法国，不要一上来就谈工作，最好等气氛融洽以后再慢慢开始。其实，在这方面中国人非常理解和擅长。

法国人永远不会承认错误，他们认为这是一件很丢脸的事情，搞不好他还会大发雷霆。

要想进一步了解法国，请继续阅读下面的介绍，这很重要。

国家

截至2018年，法兰西第五共和国体制下的法国，共有6720万人口和3.6万个市镇。

法国位于欧洲西部，大约是北纬45度，正好处于北极和赤道的中间位置，地理位置十分良好。

法国同时拥有极为丰富的农业资源和海洋资源，这一点很罕见。法国拥有5500公里长的海岸线和众多的天然良港、海湾、河流入海口、锚地等，是仅次于美国的世界第二大海洋大国。

法国的国土面积约为55.2万平方公里，是世界第五大经济体，在国际舞台上扮演着重要角色。

法国的时区位置也非常好，在工作时段上，和世界上的任何国家都有几个小时的重叠区，方便通话或者举行视频会议。

法国的政府机构有几个世纪的历史，是国家强盛的重要保障。共和国的总统制度是法国国王和皇帝的特权在现代的延续。

法国军队是世界第四大武装力量。法国拥有全欧洲最为强大的陆军，但海空军力量略逊于英国。

法国还拥有广大的海外领地面积，大约 560173 平方公里，甚至略高于本土的面积。这些海外领地源自殖民历史，为法国提供了重要的战略、经济、军事、科学和人力资源。

大家习惯上会说历史上的大英帝国是个"日不落帝国"，其实今天的法国也是一个"日不落"国家，具体包括：印度洋上的留尼汪岛和凯尔盖朗岛、大西洋上的圭亚那、太平洋上的波利尼西亚群岛、法属新喀里多尼亚群岛、瓦利斯和富图纳群岛、加勒比海上的瓜德鲁普和马提尼克、北大西洋的圣皮埃尔和密克隆群岛等。

法属新喀里多尼亚群岛盛产镍。最大的海外省法属圭亚那面积达到 83534 平方公里，其地理位置优越，是欧洲阿丽亚娜火箭的发射基地。

法国共有 78 个机场，每月起降航班次数超过 1.5 万次。虽然不如鹿特丹、汉堡和安特卫普，但法国的马赛和勒阿弗尔也是欧洲的重要港口。

法国的铁路网发达，总里程超过 3 万公里，高铁里程达到 2036 公里，排名欧洲第二、世界第四。高速公路网络总里程达到 1.1 万公里。

卫生健康

按照世界卫生组织的统计数据，法国的卫生事业世界排名第一，主要原因是，法国是世界上唯——个几乎全额报销医疗费用的国家，完全不用考虑病人的经济能力。

这种做法给法国政府带来沉重的财政负担，社会医疗保险和家庭补助金库长期处于亏损状态。

环境

法国的环境保护非常不错，森林面积在欧洲名列前茅，二氧化碳排放水平也比较低，人均只有 5.52 吨。

法国水资源丰富，境内的阿尔卑斯、比利牛斯、汝拉、孚日等山脉，中央高原及众多冰川孕育了多条河流，地下含水层水量丰富。法国的矿泉水和温泉从古罗马时代开始就名扬天下，著名的有依云（EVIAN）、维泰勒（VITTEL）、维希（VICHY）、沃勒维克（VOLVIC）、托农（THONON）和波旁阿尔尚博（Bourbon l'Archambault）。

为有效保护生态环境，法国制定了严格的环保法律。

能源

在国际能源署的排名中，法国的电力生产量位于世界第九，但是法国的电力出口排名世界第二。

法国丰富的水利资源得益于其拥有的众多高山大河。法国的水力发电量排名世界第八。

法国的可再生能源生产在欧洲排名第一，高于瑞典和德国。

在核能发电领域，法国排名世界第二，仅次于美国。光伏发电和风能发电也在快速发展。

法国拥有大约 55 亿立方米的天然气资源，数量相当可观。

农业和食品

法国是世界上最为重要的农产品生产国之一，在欧洲遥遥领先。法国农业合作社（FNSEA）的成员有 60 万户农民。受益于强大的生产手段和数量庞大的合作社，尽管可耕地数量在减少，农业产量却持续上升。

随着全球气候变暖和欧盟的各种不利法令的出台，法国的农业发展受到很大影响，畜牧业、种植业、乳制品和酒类的生产受到旱灾、水灾和俄罗斯市场份额丢失的打击，有些还面临着破产的威胁。

国家农业研究院（INRA）拥有大量极高水平的农业工程师和研究人员，可能是世界上最好的农业研究机构。我曾经多次带着该机构的顶尖工程师，参加联合国的中国项目。

法国的食品加工行业不仅非常发达，具有强大的竞争力，而且是整个国家的支柱产业。一个数据可以证明法国农业的竞争力：2000 年以后，美国每年的农业出口额为 660 亿美元，法国的国土面积是美国的十五分之一，农业出口额达到了 400 亿美元。

工会

法国的工会会员大约只占就业人口的 7%，却能在很大程度上影响其他 93% 非工会会员的生活。法国的雇主协会（MEDEF，以前叫作 CNPF）代表了资方（政治上属于右派）。中小企业协会（CGPME）不是工会组织，而是中小企业主的协会组织（政治上属于右派和中间派）。

法国共产党领导下的工会称作法国总工会（CGT），是主要的战斗组织（政治上属于左派）。简单地说，CGT 反对一切别人"支持的"，支持一切别人"反对的"。

工人力量（FO）和法国劳动联盟（CFDT）这两个工会（政治上没有明显倾向）的负面作用没有那么大。

法国的中小企业作用非常大，全国大约有 300 万家员工人数少于 500 人的中小企业，其雇用的人数占到法国就业人口的 80%。这些中小企业的专业技能和敬业精神是法国未来的依靠。

教育

国民教育是法国政府预算中最为重要的项目。不过可笑的是，法国的学生们，自然也包括老师们，每年 365 天中，上课的天数只有 144 天。法国的教育在衰落。不过法国超过 100 万人的教师队伍，依然心安理得地享受着公务员的待遇。

有人得到好处，相对地自然就有人吃亏，比如公立医院。法国的医院缺乏医生和护士，因此不得不招聘外国人来医院工作。

公务员

法国的公务员几乎可以称得上是一支庞大的队伍，人数远远多于军队和警察的总和。

总共有 680 万人在公共机构工作（大约是就业人口的四分之一），他们享受着充分的社会保障，也就是说永远不会失业。公务员享有很多福利，比如为公务员及其家庭准备的专门的度假村，或者有优惠价格的食品等。

移民

法国的外来移民总数大约为 1200 万人，其中 540 万人来自其他欧盟国家。

法国外来移民中有很多著名人士，例如来自意大利的伊夫蒙当和高吕士，来自西班牙的毕加索和卡缪，来自匈牙利的萨科齐等。

大约 660 万移民来自北非马格里布国家，尤其是阿尔及利亚。最早一批来法国的阿尔及利亚人是为了躲避宗教迫害和追求更高的生活水平。

法国拥有欧洲最大的穆斯林人群，他们当中大约 20% 的人口处于失业状态。今天，法国人口中大约有三分之一的人，其祖父母是在国外出生的。

法国在第二次世界大战后的经济建设中需要大量的劳动力。我记得在那个年代看到过很多来自意大利和葡萄牙的泥瓦匠。

20世纪70年代,德斯坦总统决定实行"家庭团聚政策",从人道主义角度看这肯定是个善举,但也造成了极其严重的负面影响。一些欧洲国家的移民还是有可能返回他们的祖国的,但是来自北非的移民不仅大量地留在了法国,他们数量庞大的妻妾也都留在了法国,他们养育的孩子由于法律的管辖地原则,生下来就有权获得法国国籍。

宗教

法国的宗教简况如下。

天主教:4100万信徒,42865座教堂;

伊斯兰教:700万信徒,1700～2000座清真寺;

新教:62万信徒,1100座教堂;

犹太教:48万信徒,不到500座犹太会堂。

对中国朋友而言,了解法国的人口结构至关重要。在法国6720万人口中,有2661万人属于特殊人群:

1000万中小学校学生;

240万高等学校学生;

680万公务员;

360万退休人员;

650万失业者(包括海外省);

25万军人。

国家

法国是一个非常"讲政治"的国家。

法国国家元首是共和国总统，其办公地为爱丽舍宫。总统任命政府总理，总理的办公地为马提尼翁府。总理再提名各部部长人选以组成政府，最终政府的任命由议会表决通过。

议会由两部分组成：国民议会位于波旁宫，由 577 名任期为 5 年的议员组成；参议院位于卢森堡宫，由 348 名任期为 6 年的参议员组成，参议院每 3 年由选举团改选一半的参议员。

在其他国家，尤其是英美国家，通常有两个主要政党，而法国的政党数量则多得多，有些政党的规模非常小。

每次选举之后，新政府都会非常慷慨地回馈选民，平均每张选票要付出 1.66 欧元的成本。小政党因为根本不可能赢得全国选举的胜利，仅仅满足于生存，政府的这笔支出就是他们的摇钱树。

大政党的内部还有很多的"派别"和"俱乐部"。所谓"左派"和"右派"的划分方法就是法国发明的。其实这种划分源于议员在议会大厅里的座席位置。国民议会和参议院的座席被布置成半圆形。议长的座位在议员对面的正中间，他面对的议员座席从左至右分别是政治上的左派和右派，中间派正好在两者之间。简单至极！

1871 年到 1945 年，法国先后共产生过 120 届政府，这样的国家可不好管理啊！戴高乐将军曾经调侃说："法国这个国家光奶酪就有 320 种，你能怎么管理呢？"

巴黎是法国的首都，不仅是政府所在地，还有大量的外国使馆和部委机关。巴黎同时还是法国最大的城市,不过市长的权力有限,连警察和公共交通都不能管。法国有个说法:"全世界都以为巴黎就是法国,而实际上远非如此。"

市政府是不能拥有自己的银行账户的,其财权由财政部任命的财务总监负责,包括对外付款和查账。

除了巴黎以外,里昂和马赛是另外两个拥有百万人口的大城市。图卢兹、波尔多、斯特拉斯堡和第戎的人口在25万~50万,全国只有52个城市的人口超过了10万。法国实际上是一个由小城镇组成的国家。

法国城市的街道和广场通常都是用著名历史人物或历史事件发生的日期命名的。但奇怪的是,拿破仑的名字从来没被用过,反而是他指挥过的重大战役和主持建设的建筑物的名词倒是常见。

拿破仑主政时期,法国开始强制在法庭中使用法语,以替代以前的拉丁语。拉丁语在法国大革命之前,不仅是天主教教堂的专用语言,也是法国的官方语言。

在法国大革命之前,法国人更多地以自己所在区域的名字命名,而不统称为法国人,例如阿尔萨斯人、洛林人、弗拉芒人、巴斯克人、布列塔尼人、诺曼底人、勃艮第人、奥克人、里昂人、波尔多人、科西嘉人、萨伏瓦人、普罗旺斯人等等。

这些不同地区的居民虽然理论上都是法国人,但使用的语言不尽相同,存在很多的方言,饮食习惯也有差异,地理特点各不相同。当时大约有一半的法国人根本不会说法语。

法国人

"2000 年前，我们的国家叫作高卢，人民被称作高卢人。"

"高卢"这个名称源于罗马皇帝凯撒在征服高卢时使用的称呼。当时高卢虽然处在原始社会时期，但进行了激烈的抵抗，后来在阿莱西亚战役中失败。抵抗领袖维钦托利被俘，他后来被带到罗马，在广场上处死。

之后的历史时期被称为"高卢-罗马时期"。罗马征服者开展了大规模的建设工程，例如水渠、桥梁、竞技场和温泉浴室等，有些建筑保存到现在，甚至仍然可以使用。

高卢人和凯尔特人的社会形态仍然以部落为主，听从部落长老和祭司的命令。从公元 254 年开始，骁勇善战的法兰克人侵入罗马帝国疆域，并且创立了法兰克王国（481—814 年）。

真实的法国

我特别推荐读者认真研究一下法国历史上形成的各个不同的地区，这些地区合起来才是真实的法国。

在大约 3.6 万个市镇中，每个市镇都有自己的教堂，每座教堂的钟楼上都有一个十字架和一个公鸡形状的风标，这个公鸡的风标就是法兰西共和国的象征。

· 诺曼底

罗马军团在公元前 56 年征服了诺曼底，罗马帝国崩溃后是法兰克人时代，公元 654 年卡洛林王朝在此统治。

公元 7 世纪末期，来自斯堪的纳维亚半岛的维京海盗侵入诺曼底地区，于公元 911 年建立了自己的公国，称为诺曼底公国。自此以后，当地人就被称为诺曼底人。

公元 1050 年，英格兰的爱德华国王为了平息内乱，向征服者威廉求助，并许以英国国王的王位。威廉率军在英格兰登陆，获得了斯坦福桥战役的胜利。1066 年 12 月 25 日，威廉在威斯敏斯特大教堂加冕为英格兰国王。得益于此，威廉努力在财政上支持诺曼底的发展，直到他 1106 年去世。

1204 年，诺曼底人入侵法国领土，双方的边界才逐渐稳定下来，并保持至今。其间虽然也发生了一些历史事件，但没有再发生大的改变。比较重要的事件就是圣女贞德在鲁昂的广场上被英国人处以火刑。

在英法"百年战争"之后，弗朗索瓦一世建立了勒阿弗尔港，鲁昂逐渐发展为制呢业的中心。

在第二次世界大战期间，德国占领了法国，在诺曼底的沿海地区修建了钢筋混凝土结构的大西洋防线。结果盟军在 1944 年 6 月 6 日的"霸王行动"中，发动了全世界最大规模的登陆作战，一举突破了这道防线。

在这场战役中，盟军也付出了沉重的代价，其中最为有名的登陆地点包括奥马哈海滩和犹他海滩，都位于诺曼底。诺曼底的城市，例如卡昂也受到了严重的破坏，几乎被完全摧毁。

随着时间的流逝，战争的创伤逐渐得到了修复。如今，诺曼底已经重现了当年的美丽田园风光，大片的草场和苹果树林比比皆是。

诺曼底不仅拥有很多著名的海滨旅游城市，例如费康、埃特塔、多维尔（其电影节蜚声全球）、卡布和瑟堡，还拥有很多内陆城市，例如拜耶、阿朗松和法莱兹。诺曼底的牛畜牧业十分发达，生产大量牛奶和乳制品，例如奶油和著名的卡芒贝尔奶酪。

诺曼底的其他特产有苹果酒、卡尔瓦多斯酒、生蚝和龙利鱼。

· **阿基坦**

阿基坦地区位于比利牛斯山脉北麓，毗邻大西洋，公元前1世纪开始出现。

这个地区有大量旧石器时代的人类遗址，最著名的是拉斯科洞窟壁画（大约1.5万年前的遗迹）。

在冰河世纪，欧洲西部的原始人为躲避严寒来到这个地区，最早的原住民被称为巴斯克人。

罗马军团在公元前56年的战役中征服了高卢南部的广袤地区，包括奥弗涅地区、巴斯克地区和隆格多克地区，本章将合并介绍。

公元778年，查理曼大帝在隆斯沃山脉的战役中战败，他的侄子罗兰也战死。随后查理曼大帝建立阿基坦王国，定都图卢兹。

公元877年，这个地区分裂为两个公国，卡斯卡尼公国和首都在波尔多的圭也那公国，后者还包括了三个伯爵领地：阿尔马尼克、贝里哥和普瓦图。

1058 年，威廉十世的女儿埃莉诺嫁给了法王路易七世，之后又改嫁给诺曼底公爵、安茹伯爵，也就是后世称为亨利二世的英格兰国王。

1170 年，英格兰的狮心王理查在利摩日受封为普瓦提埃伯爵和阿基坦公爵。

对于不精通历史的人来说，这段文字简直是晦涩难懂的，不过正是由于这些通婚和贵族头衔的继承，这些地区才能逐渐融合，构成今天的阿基坦地区和法兰西。

教皇克莱芒五世于 1264 年出生在吉伦特，后来成为波尔多主教，是他把教廷从罗马搬到了阿维尼翁。

1464 年，法王路易十一把公国赏赐给他的弟弟查尔斯·德·瓦洛瓦。不过他 1472 年去世后，公国又回到法国王权之下。

波尔多最早的名字是 BURDIGALA。公元前 52 年，罗马皇帝将其定为阿基坦地区的首都，并开始在吉伦特入海口地区种植葡萄。最有名的葡萄产地是圣艾米丽和梅多克。

在欧洲暴发鼠疫之后的年代里，波尔多的港口在奴隶贸易中发挥了重大作用。通过这个港口中转的 500 艘船，把 15 万非洲黑奴贩卖到安地列斯群岛，包括海地和法属圣多米尼哥。

波尔多的著名建筑有拿破仑三世时期的皮埃尔桥和 1902 年为纪念法国大革命而建的吉伦特柱。

· 巴斯克地区

法国境内巴斯克地区的风俗与西班牙的巴斯克地区十分相似。在亨利四世时期，巴斯克地区属于纳瓦尔王国。比亚利茨、拜约纳、昂格莱、昂代和圣让得律兹是该地区的重要城市。

拜约纳以其节日和生火腿出名，圣让得律兹出产金枪鱼，辣椒、甜椒炒鸡蛋和伊鲁勒吉葡萄酒等也是有名的特产。

历史上，查理曼大帝的侄子罗兰就是在这个地区的战斗中死于撒拉逊人之手的。路易十四在圣让得律兹长大，他还在这里学会了打巴斯克回力球。拿破仑三世的皇后欧仁妮经常来比亚利茨度假。

巴斯克人还发明了绳底帆布鞋和系带凉鞋，后来传播到了全世界。

· 朗格多克（图卢兹）

这个地区又被称为奥克西塔尼亚，首府在图卢兹，一度是十分重要的军事要塞，建有引水渠和下水道，城内还有十分著名的图卢兹市政厅广场。

历史上这个地区曾经分别被西哥特人和墨洛温王朝统治过。克洛维国王最终把它并入法国。

公元 721 年，查理·马特击退入侵的军队，建立了图卢兹伯爵领地。

从 10 世纪开始，卡特里教派开始传入法国南部地区。这个教派主张灵魂高于肉体，在整个地区兴建了很多城堡，也把图卢兹和阿尔比当作地区的中心城市，因此有时候人们会把卡特里教派信徒称为阿尔比人。由于卡特里教派放弃了天主教，后来被天主教会宣布为异端，予以迫害。

1271 年，菲利普三世（勇敢者）以钦差名义派遣卡尔卡松总管大臣管理图卢兹。

亨利四世获得王权以后，终止了宗教迫害，于 1660 年签署了著名的《南特赦令》。

1629 年到 1652 年，欧洲暴发了历史上著名的鼠疫，死亡人数惊人。

1915 年，拉特科埃在图卢兹建立了他的飞机工厂，并且创建了航空邮政。之后，图卢兹又发展出了法国的航天工业，现在是欧洲空中客车公司的总部。图卢兹机场是法国第四大机场。

图卢兹还有很多城堡可以参观，多为卡特里教派时期修建的。其中最为著名的就是卡尔卡松城堡，可以在那里品尝当地著名的卡酥来砂锅（Cassoulet）。图卢兹又被称为玫瑰之城，图卢兹香肠驰名天下。

· 奥弗涅

公元前 52 年，高卢人推选维钦托利为国王，定都热尔戈维，其遗址在克莱蒙菲朗外 12 公里处。

就是在这里，维钦托利率领高卢军队打败了凯撒指挥的罗马军团，可惜后来在勃艮第的阿莱西亚战役中战败了。

到了中世纪，奥弗涅伯爵领地的统治十分严酷。后来菲利普·奥古斯特把奥弗涅并入了法国。

1669 年，路易十四曾经把他的宫廷临时安置在克莱蒙。

从法兰西第四共和国开始，这个地区被称作"中央高原"。该地区有很多死火山，最为著名的是多姆山。较大的城市有克莱蒙菲朗、里奥姆、牧兰、维特尔、波旁阿尔尚博（温泉疗养胜地）、勒皮和提埃尔（刀剪业）。

奥布拉克地区出产法国最好的牛肉。

奥弗涅地区产生过很多共和国的总统，例如乔治·蓬皮杜、瓦雷利·德斯坦和雅克·希拉克。当地的特色美食是醋渍小牛头、烩牛杂和蔬菜汤，当地名酒是西吾尔河畔圣普尔森的葡萄酒。

· 利穆赞

这个地区以肉牛养殖出名，牛的品种就以地区的名字命名，是法国最好的肉牛品种。利穆赞的首府叫多哈。

多年来，这里也出产非常精美的陶瓷产品。

· 普瓦图-夏朗德

普瓦图-夏朗德大区的首府在普瓦提埃，此地以历史上的一场同名战役闻名。查理·马特在这场战役中击退了撒拉逊军队的入侵。

普瓦特文沼泽是当地首选的旅游景点，甚至在全欧洲都是独一无二的。在这里可以参观众多运河上的小木屋。

在参议员议长莫洛日大力倡导下兴建的未来电影城，是采用了大量最新科技成果的主题公园，也是一个游客必看的旅游景点。

拉罗什尔的城堡和渔港非常漂亮，生产手帕的舒莱也是一个重要景点。

当地最有名的特产是科尼亚克白兰地酒，当地有8万公顷的葡萄园用以酿制白兰地酒，其种植面积仅次于波尔多。由于有众多的外国买家来买白兰地酒，科尼亚克市成为当地游客最多的城市。

· 布列塔尼

布列塔尼大区位于法国的最西部，其中一个省叫作菲尼斯特，意思就是大地的尽头。

布列塔尼人是凯尔特人的后裔，当地的方言依然盛行，其地位不亚于法语，小孩子在上学时可以选择使用法语或布列塔尼语考试。

历史上，在安妮女公爵统治时期，布列塔尼公国达到了极盛。勃斯里昂德森林极具传奇色彩，那里的巨石阵非常值得参观。

大区首府在雷恩，布列斯特军港、洛里昂和孔卡诺的渔港值得一看。圣马洛是著名的海盗城，苏顾夫、杜盖·图安和让·巴尔都出于此地，海边要塞是沃邦元帅主持建造的。

布列塔尼的众多岛屿非常美丽，有布雷阿岛、克鲁瓦岛、巴茨岛和美丽岛等。当地的妇女服饰很有特色，大部分妇女都穿黑色服装，据说她们是为了祭奠在海上遇难的水手丈夫。

布列塔尼还盛产各种海产品，如生蚝、贝类和鱼类。生猪养殖也很出名，猪肉品质非常高。圣波尔和雷昂的洋蓟也是著名的特产。

当地还举办各种传统的民俗节日和宗教节日，例如圣安妮奥莱的宽恕节。这里的自然风光十分壮观，美不胜收。

· 勃艮第

2000 年前，勃艮第地区是高卢人的地盘，是维钦托利的老家。勃艮第的名字源于勃艮人，这个部落在公元 406 年的冬天跨过莱茵河进入勃艮第地区。

公元前 52 年，罗马人占领勃艮第后建设了奥托市，并且开始栽种葡萄，在后来 4 个世纪的时间里，这里的葡萄都驰名天下。

从公元 5 世纪直到 15 世纪，教士们接替罗马人继续葡萄的种植和改良，尤其是克吕尼修道院和司铎修道院，那里不仅出产葡萄，还出产上等的乳酪。

为了表彰"公正理查"在抵抗维京人入侵战争中的出色表现，公元 482 年法兰克国王授予他勃艮第公爵的爵位。

公元 987 年，雨果·卡佩将公国传承给他的弟弟，之后卡佩王朝延续了 4 个世纪。

1364 年，法王让二世把勃艮第公国赐给他的弟弟菲利普二世（勇敢者）。1404 年 4 月 24 日，菲利普二世的儿子让（无畏者）又继承了父亲的爵位。

之后法国政坛经历了一系列的暗杀事件，当时的勃艮第公爵菲利普（好人）向法王查理七世示好，并且在 1435 年签署了阿拉斯协定。

1467 年，查理（鲁莽者）从父亲手中继承了爵位后，把祖上三代积累的财富挥霍殆尽。出于发泄怒火的目的，他发动了与法王路易十一的战争，于 1476 年 6 月 22 日遭到惨败。之后他曾经数次试图扭转战局，结果还是在 1477 年在一个冰冻的湖面上被狼群吞噬。路易十一从此收回了公国。

今天，勃艮第的首府是第戎，每年会组织一次大规模的美食博览会。

除了当地出产的著名葡萄酒外，勃艮第的特色美食还有红酒烩公鸡、勃艮第炖牛肉、乳酪奶油酥饼、百里香烤蜗牛、埃布瓦斯修道院乳酪。当地还出产一种著名的开胃酒——基尔酒，使用黑醋栗汁与白葡萄酒一起调制，发明者就是当时的第戎市长兼教会的议事司铎。

· 洛林

洛林大区辖默尔特－摩泽尔省、默兹省、摩泽尔省和孚日省，这个地区在公元前 57 年也被凯撒征服过。

洛林大区的首府在南锡，大区内的其他重要城市有梅茨、凡尔登、蒂永维勒和热拉尔梅。

洛林公爵的府邸及其门前的王家广场值得一看，广场是由斯坦尼斯拉斯·雷辛斯基伯爵修建的。

雷辛斯基伯爵是波兰被废黜的国王，是路易十五国王的岳父。从波兰流亡到法国后，一直居住在鲁内维勒城堡中。

著名的圣女贞德也来自该地区的东累米小村，当时她只是一个牧羊女，据说有一天她听到了上帝的旨意，让她拯救法国。后来圣女贞德夺回了奥尔良，并且成功地让查理七世在兰斯大教堂加冕为法国国王。

当地还有一个村庄很有名，叫作科隆贝双教堂，是戴高乐将军退休后的隐居之地。他在那里建立了一个巨大的洛林十字架，从很远的地方都能看见，成为戴高乐将军的象征。

南锡的特产是米拉波李子，是当地独具特色的水果。特色美食是火腿猪油蛋糕和圣蒙内伍德村的猪蹄。

- 阿尔萨斯

公元前 58 年，罗马军团侵入阿尔萨斯地区，为了征服高卢人，在奥森费尔德打败了当时的日耳曼人。

后来"野蛮人"又赶走了罗马人。公元 378 年，阿拉曼人来到这里，他们的语言逐渐发展成为阿尔萨斯语。

加洛林王朝为地区的兴旺发达创造了机遇，基督教得到普及，兴建了很多修道院，例如慕巴赫、明斯特、威森堡和圣奥第尔山修道院，后者得名于阿尔萨斯的第一位女修道院院长。

13 世纪开始建立斯特拉斯堡和阿格诺这两座城市。也是在这个时期，阿尔萨斯开始大面积种植葡萄，阿尔萨斯的地名就源于葡萄。

长久以来，阿尔萨斯被视为日耳曼的一部分。

1870 年的普法战争、1914 年的第一次世界大战，还有 1939 年第二次世界大战期间，阿尔萨斯地区在德法两国之间不停转换归属，当地的老百姓被两国的政权轮流统治。

1934 年开通的罗讷河—莱茵河之间的运河极大地促进和发展了内河运输。

1848 年 4 月 28 日，阿尔萨斯人维克多·舒尔切提出了废奴法案并且得到通过。

普法战争期间，克勒曼、克雷伯、麦克马洪等元帅的失败，使普鲁士军队在法国长驱直入，并且围困了巴黎。直到第一次世界大战结束之前，阿尔萨斯和洛林地区一直被德国占领。

今天的阿尔萨斯大区由下莱茵省（斯特拉斯堡）、上莱茵省（科尔马）、莫泽尔省、贝尔福省和杜伯省组成。

阿尔萨斯地区遍布圆形的山地，当地戏称为"球山"。该地最为著名的葡萄品种有雷司令、西尔瓦内和麝香葡萄。

柯能堡出产的啤酒畅销全法国，一方面是因为水质极佳，另一方面是因为当地的啤酒花非常好。

参观阿尔萨斯最好是在春天，在鲜花簇拥下的木筋墙房子十分漂亮。木房子的烟囱口经常有鹳鸟筑的巢穴，它们每年都会到阿尔萨斯地区来孵化雏鸟。

作为经典的哥特式建筑，斯特拉斯堡的大教堂是当地必看的景点。当年勒柯莱克将军在指挥第二装甲师时，曾经在这里的克雷伯广场发出解放斯特拉斯堡的誓言。

阿尔萨斯的特色美食是酸菜，是一种用卤水浸泡过的大白菜，烹调时配以排骨和肉肠。

· 萨伏瓦

萨伏瓦现在已经归属于罗讷-阿尔卑斯大区，历史上是位于阿尔卑斯山北麓的传统地区。大区由两个省组成，分别是上萨瓦省和下萨瓦省，首府分别设在安纳西和尚贝里。

当地人的祖先也是高卢人的一支。萨伏瓦公爵领地是在1494年建立的。

当地高山林立，其中包括欧洲的最高峰——勃朗峰（海拔4807米）。

萨伏瓦是滑雪者的乐园，拥有大量世界级的滑雪胜地，例如库士维尔、莫尔兹、默热夫、雷热、伊兹尔峡谷、提讷等，有些位于海拔3400米的冰川终年不化，即使在夏天也可以滑雪。

当地的湖泊与山色相映，著名的如安纳西湖、布尔热湖、雷蒙湖（即日内瓦湖），雷蒙湖边的托农市和依云市是著名的矿泉水出产地。

高山上还有很多牧场，以生产乳酪出名，例如孔蒂、热布隆松、托姆等，可以用来制作当地的名菜烤奶酪或萨瓦奶酪火锅。

· 图赖讷—卢瓦尔河谷（法国的后花园）

此地同样得名于罗马军团曾经征服的部落。一位出生于匈牙利的军团士兵圣马丁，在这里皈依了天主教，并在公元371年成了图尔的主教。

公元 504 年，克洛维大帝与西哥特国王阿拉瑞克二世在该地区的安布瓦兹见面。克洛维大帝死后，他的遗孀克洛蒂尔德逃到图尔，于公元 545 年去世。

在宗教战争时期，图尔成为法兰西王国的首都。

从法王路易十一常驻在其图尔的城堡开始，历代法国君王都在卢瓦尔河流域建有自己的城堡。这就是为什么卢瓦尔河城堡闻名遐迩。著名的城堡有舍农索、阿兹勒里德、舍维尔尼、安布瓦兹、朗热、余赛，最为杰出的当数弗朗索瓦一世修建的香波堡。

在当地有大片的森林，盛产鹿和野猪，非常适合狩猎。

在当地出生或居住过的名人有巴尔扎克、拉伯雷、阿纳托尔·法兰西、阿尔佛雷德·德·维尼、乔治·顾特林。

当地出产的葡萄统称为卢瓦尔葡萄，具体包括付富海、迟农、布尔格。

索姆尔市出产极好的白葡萄酒，但当地更为著名的是一所骑兵军校，俗称为"黑骑士"。

据说图赖讷地区的法语是全法国最为纯正的法语，其他地区的法语都多少带有一些口音。

- **香槟**

今天，香槟大区最为出名的恐怕就是以该地区命名的香槟酒了。当地出产一种小黑葡萄，加入适量的白葡萄酒，就成了我们所说的"白葡萄酒中的白葡萄酒"。

　　这种起泡白葡萄酒使用了特别的酿酒工艺，这种工艺受到法律的保护和监管。1850 年时香槟酒的年产量大约是 800 万瓶，到 1970 年大约为 1 亿瓶，现在已经达到了 3.25 亿瓶，每年的销售额大约是 40 亿欧元。

　　主产区位于"兰斯山脉"，主要是在艾依和埃佩尔内，种植面积大约是 3.32 万公顷。每公顷的价值大约是 150 万欧元。

　　香槟大区最著名的历史人物应该是法王亨利四世。

　　大区首府在兰斯，这里有一座著名的大教堂，曾经有 25 个法国国王在此加冕，其中包括 5 世纪的克洛维大帝和圣女贞德支持的查理七世。

　　大教堂的中厅是在 1211 年修建的，于 1516 年完工，最高处达到 38 米（巴黎圣母院也只有 33 米）。

· 亚多亚—皮卡第

　　亚多亚地区是从弗拉芒人手里以嫁妆的形式获得的，当时弗拉芒的伊丽莎白公主嫁给了法王菲利普－奥古斯特。

　　1297 年亚多亚第一任伯爵罗伯特被杀，伯爵领地陷入内战，双方分别是罗伯特的孙子罗伯特三世和他的女儿马奥。最后，巴黎的王廷认可了马奥为胜利者。亚多亚伯爵爵位传承了数代，其中一位是路易十六的弟弟，后来成为法王查理十世。

　　这个大区位于法国北部，紧挨着比利时与法国的边境，首府在阿拉斯。

　　大区内的城市有杜埃、贝杜那、朗斯、里尔、加莱和布洛涅。

加上新近并入的皮卡第大区，包括亚眠、贡比涅、博维和圣冈但等城市。

· 罗讷河谷

瓦朗斯是这个地区最大的城市，同时也是多姆省的省会城市。这个地区是世界级的水果产地。

当地出产的葡萄酒也十分著名，例如凡索伯、教皇新城堡和科雷特迪。

地中海沿岸出产优质的橄榄油，尼昂出产的橄榄油也是独一无二的，不仅品质出色，而且价格也相当不菲。

多姆省还以出产薰衣草出名，在薰衣草盛开的季节，大片的花田色彩斑斓、引人入胜。从薰衣草中提炼的精油畅销全世界。

在圣保罗村附近有三座城堡，出产高品质的黑松露，必须借助于专门训练过的狗才能找到。

该地区值得参观的城市有第勒非特（新教徒领地），游览塞维涅侯爵夫人在格里尼昂的庄园也非常有价值。

再往南一点，就是蒙特里马市，这里出产果仁糖，里面添加蜂蜜和杏仁。

· 马赛—普罗旺斯

小亚细亚的弗凯亚人在公元前 600 年建立了马赛。起初命名为马萨里亚，后来被希腊人占领。公元前 49 年凯撒占领了马赛，更名为马斯里亚。

12 世纪前，马赛一直被法兰克人统治。后来由于普罗旺斯伯爵无法管理这座城市，逐渐由圣维克多修道院的修士控制了城市管理权。

法国的王廷一度设立在埃克斯普罗旺斯，1481 年普罗旺斯伯爵加入法国后，马赛正式成为法国领土。

1518 年，弗朗索瓦一世国王扩建了这里的造船厂。圣维克多修道院逐渐发展成为一个重要的思想中心。

由于受到外部的威胁，弗朗索瓦一世国王决定增强城市的防御能力，在马赛修建了王堡。在马赛港外的一个小岛上修建的伊夫堡，是一座围绕着圣母院建立的石头要塞。这些工程于 1536 年全部完工，在抵御神圣罗马帝国查理五世皇帝入侵的战争中发挥了重要作用。

1599 年，随着马赛发展为一个世界级的港口，这里成立了法国第一家商会。

1792 年，一位天才的年轻军官鲁日·德·李尔谱写了一首战歌，后来被命名为《马赛曲》，成为法国的国歌。如今在马赛市的图巴诺大街上依然矗立着作曲家的纪念碑。

在 1870 年到 1914 年间，随着蒸汽轮船的出现和苏伊士运河的开通，马赛港面积不断扩大，发展到尤里埃特和阿航克。

1864 年建成了守护圣母圣殿。海员们都说从海上看，圣殿顶上的圣母是从海平面上冉冉升起的。

马赛的重要景点就是老港，那里的海鲜餐馆提供著名的马赛鱼汤。离马赛稍远有一个小型的人工渔港，那里有一家餐厅叫作瓦隆·德·奥夫，其中马赛鱼汤特别出名。

沿着科尼士大街漫步，可以走到普拉多大街，那里有波瑞利会展中心和著名的马赛足球队的主场。

埃克斯普罗旺斯市里有勒内国王广场、卡利勒鲁埃沙滩和贝里湖畔的马尔提格。沿海有著名的蓝色海岸，包括卡西斯港湾、埃斯特勒峰、圣托佩、圣马克西姆，最终能够到达戛纳——著名的电影城；还有尼斯及英国人大道，那里是加里波第的故乡。

· 巴黎——永远漂浮，绝不沉没

虽然巴黎是法国的首都，我还是把巴黎放在了各个大区的最后来介绍，因为真正的巴黎人已经屈指可数了。

我会根据历史的时间顺序介绍一些关键的事件，否则巴黎有太多的历史事件，本文无法一一赘述。

公元前 52 年，罗马的拉别纽斯军团占领了卢特斯，后来逐渐在塞纳河南岸的小山上发展起来，这座山后来被称作圣热内维耶夫山。

从维斯乌斯高原通过引水渠引入洁净的泉水，供市内居民饮用。

当时城内建有一座剧院和一座环形剧场，现在在盖伊·吕萨克街可以看到遗址。

在公元 4 世纪，卢特斯正式更名为巴黎。公元 508 年，克洛维国王将其定为法兰克王国的首都。

公元 556 年，克洛维的儿子齐尔德伯特修建了巴黎小城、圣十字修道院和圣文森特修道院，后来在 8 世纪发展成为圣日耳曼大街。

1183 年，巴黎的大街上开始用石头铺设路面，1200 年卢浮宫的前身——卢浮要塞建成。

1297—1308 年，美男子菲利普修建了司法宫。

1308 年还建成了巴士底监狱。

1530 年弗朗索瓦一世国王定居在卢浮宫，开始修造法兰西学院。

亨利四世国王来到巴黎后，完成了卢浮宫南翼的工程，把卢浮宫与杜伊勒里宫连接起来。

在路易十三国王时代，柯尔贝再度大兴土木，聘请弗朗索瓦·芒萨和三位意大利建筑师，试图再次扩建卢浮宫，最后由于财务严重超支才不得不作罢，国王又回到了凡尔赛宫。

1648 年，路易十四国王通过沃邦元帅修建的边境要塞，巩固了王国的边疆安全，认为巴黎的城墙已经没有太大用处，故而全部拆除。在城里修建了圣丹尼和圣马丁两座凯旋门，如今还巍然屹立。

1715 年，摄政菲利普·奥尔良离开凡尔赛宫，入住老王宫。年轻的路易十五国王在杜伊勒里宫一直住到 1722 年才又返回到凡尔赛宫。

今天的巴黎市容得自拿破仑三世和奥斯曼男爵，他们加宽了市内的大街，修建了宽敞的林荫大道。当时还建立了很多市内公园，如肖蒙山丘公园、蒙苏里公园和蒙索公园等，供孩子们嬉戏玩耍。

1889 年在巴黎举办了第一届世界博览会，为此建造了埃菲尔铁塔。

1977 年到 1995 年期间，希拉克担任巴黎市长，后来当选为共和国总统。

巴黎塞纳河上有一家著名的游船公司，叫作"苍蝇船"。大多数人不知道这个名字的来历，这是因为这家公司的游船都是在里昂建造的，造船厂所在的街区叫作"苍蝇"。

在外国人的想象中，巴黎人的标准造型是穿一件灰衬衣，戴一顶贝雷帽，胳膊底下夹着一个法棍面包。

巴黎没有自己的方言，不过可以听到黑话或者俚语。

法国历史集萃

克洛维国王（466—511 年）是第一位法兰克国王，他在王国内设立了若干行省，主要有勃艮第、内斯特里、阿基坦、普罗旺斯、奥斯塔斯、斯卡伯、瓦斯科尼和比利牛斯。

公元 511 年克洛维国王死后，高卢分裂为若干小王国，包括奥尔良、巴黎、斯瓦松和兰斯。就是在这个历史时期，法兰克人居住的高卢才逐渐发展成法兰西，形成了法兰西民族。

当时的西班牙被信仰伊斯兰教的撒拉逊人占领，他们的西班牙总督名为阿布·拉合曼。734 年 10 月 25 日，他所率领的撒拉逊军队在普瓦提埃被查理·马特指挥的法兰克军队击败，这是欧洲军队第一次战胜异教徒军队。

从此，阿拉伯人暂停了对比利牛斯山脉以北的进攻。

· 查理一世（747—814 年）

查理一世是卡洛林王朝的第一位国王，于 768 年登上王位。他是一位杰出的军事家，征服了隆巴迪人、撒克逊人和西班牙的穆斯林，成为欧洲的主人。公元 800 年教皇给他加冕，他成为法兰克皇帝。在他治下，法国开始信仰天主教。

后世将查理一世尊称为查理曼大帝，绰号为"蓝胡子皇帝"。

在一系列军事征服之后，他开始推行改革，大力发展艺术和文化，他首先创办了学校。

· 路易九世"圣路易"（1224—1270 年）

路易九世建立了司法制度，创造了无罪推定原则，统一了法国的货币（传说中他在一棵树下建立了司法制度）。现在巴黎的最高法院门口还树立着他的雕像。

他还建立了议会和审计法院的前身。

路易九世严禁收取贷款利息，禁止赌博和卖淫。

· 圣女贞德（1412—1431 年）

圣女贞德于 1412 年出生在洛林地区的东累米小村。

她在战争中被勃艮第俘虏，然后出卖给了英国人。1431 年 5 月 30 日，她在鲁昂的旧市场广场上被处以火刑，年仅 19 岁。鲁昂当时是英国人占领的诺曼底地区的首府。

· 路易十一（1423—1483 年）

路易十一以残暴、专制、背信弃义留名于史，他一生树敌无数。他发明了酷刑牢笼，用来关押他的朋友拉巴卢主教，直到把他折磨致死。

不过他的功劳是结束了长达百年的英法战争。

路易十一大力发展贸易，创建了里昂、卡恩和鲁昂的集市。

1469 年，他把波尔多的葡萄酒推广到全法国和外国。

1471 年，他在里昂和图尔创办丝织业，从此法国与中国结下了不解之缘，里昂成为丝绸之路的终点。

他管理的政府机构严酷而高效，因此国家财税收入大幅增加，从 1443 年到 1483 年，税收增加了 2 倍。

· 弗朗索瓦一世（1494—1547 年）

1515 年，弗朗索瓦一世在兰斯大教堂加冕成为法国国王。他下令发动了征服意大利的战争，带着 72 门大炮翻越了阿尔卑斯山，之后取得了马里尼亚诺战役的胜利。

弗朗索瓦一世身材高大，身高近 2 米。他独断专行，挥金如土，酷爱奢侈和美女，给法国财政带来了沉重的负担。他修建了大量美轮美奂的城堡，包括有 365 座烟囱的香波堡。弗朗索瓦一世与达·芬奇是至交，曾把他安置在昂布瓦斯城堡，以艺术家和作家的保护者自居。

弗朗索瓦一世会说一口很流利的意大利语，为卢浮宫购置了拉斐尔、提香和达·芬奇的绘画作品。

他建立了强大的海军舰队，足以横渡大西洋，还在北美建立了若干殖民地，包括佛罗里达，打破了西班牙人对北美的垄断。1535年，他派遣雅克·卡提埃到加拿大探险，沿圣罗兰河而上，建立了魁北克殖民地。

- 亨利三世（1551—1589年）

查理九世死后，王位由亨利三世继承，王太后凯瑟琳·德·美第奇摄政。1572年8月25日，在巴黎爆发了对新教徒的大屠杀，史称"圣巴托洛米缪之日"，法国由此进入宗教战争时期。美第奇把自己的女儿玛格丽特·德·瓦洛瓦（史称"马戈王后"）嫁给了新教徒纳瓦尔亲王，纳瓦尔亲王后来皈依了天主教，成为亨利四世，他的名言是"巴黎值得一场弥撒"。

- 亨利四世（1553—1610年）

他在当纳瓦尔亲王时期，致力于提高人民的生活水平，保证老百姓每个星期天都能吃上一只鸡。他的大臣叙利也有一句名言："劳动和牧场是法兰西的两个乳房。"

在亨利四世时代，法国的农业获得了极大发展。他喜欢追逐美女，留下了好色的名声。

1610年5月14日，亨利四世在巴黎被拉瓦莱克刺杀身亡。

- 路易十三（1601—1643年）

路易十三是亨利四世的长子，于1610年登基，王太后凯瑟琳·德·美第奇摄政。

1610 年，法国人口只有 1500 万，其中 90% 是没有受过教育的农民，其余 10% 的人口由贵族、教士和市民阶级组成，是国家的统治阶级。

国王成年前的教育由黎塞留大主教负责，后来他担任了国王的顾问和首相。

路易十三与黎塞留大主教的关系非常和睦，不过在对待新教的态度上，两人相去甚远。新教是法国的第二宗教，大量新教徒在圣巴托洛米缪日遭到屠杀。

1635 年，黎塞留大主教创建了法兰西学院。

路易十三统治下的法国的国土面积大幅增加。1643 年 5 月 14 日，路易十三国王去世，那天正好是他父亲遇刺 33 周年。

在路易十三时代，法国的航海事业得到了很大发展，开发了安的列斯群岛（由于盛产甘蔗、烟草和棉花，又被称为"蔗糖群岛"），并且在塞内加尔和马达加斯加殖民。

· 路易十四（1638—1715 年）

路易十四以太阳为自己的徽章，意在模仿和平与艺术之神阿波罗，故而后世称之为"太阳王"。

路易十三去世时，路易十四也只有 5 岁，王太后玛丽·德·美第奇摄政，担任路易十四老师的是马扎林红衣主教。

路易十四于 1654 年 6 月 7 日在兰斯大教堂加冕为法国国王。

马扎林死后，1661 年 3 月 9 日，路易十四取消了首相的职位，意图获取个人的绝对权力。

路易十四对战功有强烈的渴求，他几乎与整个欧洲为敌，先后吞并了佛朗什－孔泰和路易斯安那，并且委派沃邦元帅建造了诸多的防御工事以抵御外敌入侵。

1666 年，路易十四创建了法兰西科学院，1667 年又创建了天文台。他还在巴黎兴办残老军人院，收治受伤的士兵，让退伍老兵能够颐养天年。

路易十四沉溺于声色犬马、灯红酒绿的生活，他花了 40 年的时间，把凡尔赛宫从一座普通的狩猎用的陈旧行宫，扩建为一座超级城堡。1682 年 5 月 6 日，法国王廷正式迁入凡尔赛宫。

1715 年路易十四去世时，法国已经是一个强大的国家了。

· 法国大革命

开始于 1789 年 7 月 14 日的法国大革命是以攻克巴士底狱为序曲的，一直持续到 1792 年。法国大革命期间大量使用断头台，砍掉了几万人的脑袋，因此法国人又把这段时期称为"恐怖时期"。

· 拿破仑·波拿巴（1769—1821 年）

拿破仑于 1769 年 8 月 15 日出生在科西嘉的阿雅克肖，1821 年 5 月 5 日在英国人的囚禁中死在了圣赫勒拿岛上。

拿破仑首先是一位出色的军事家。1792 年 9 月 1 日建立的第一共和国时期和整个法国大革命时期，他都是军队的将领。

1800 年 1 月 1 日，拿破仑当选为临时第一执政，1804 年 5

月 18 日成为终身执政。当时的第二执政冈巴塞雷斯起草了《民法典》《商法典》《刑法典》《海关法典》。第三执政是勒布兰。

1804 年 5 月 18 日，拿破仑在巴黎圣母院加冕为法国皇帝，1814 年 4 月 6 日退位，1815 年 3 月 20 日到 6 月 22 日复辟。

作为一个成功的军事将领，他指挥的军队获得了很多重大战役的胜利，例如意大利战役、埃及战役、奥地利战役、普鲁士战役和波兰战役。

军事上的节节胜利使法国几乎吞并了整个欧洲，反法联盟多次被瓦解，法国的势力达到了前所未有的高度。

拿破仑强化了审计法院，创建了高中会考制度、商业法庭、海关和法兰西银行。

不过他下令入侵葡萄牙、西班牙和俄罗斯，遭到了惨痛的失败，几十万人死于这些战争。

在滑铁卢和特拉法加被英国人击败后，拿破仑被英国人囚禁在圣赫勒拿岛，直到去世。

• 拿破仑三世（1808—1873 年）

路易·拿破仑·波拿巴是拿破仑一世的侄子，他担任了 4 年的共和国（法兰西第二共和国）总统，统治法国长达 20 年，史称拿破仑三世。

1870 年，拿破仑三世在与德国（当时称普鲁士）的战争中战败，德国首相俾斯麦在凡尔赛宫的镜厅把他们的国王加冕为德国皇帝。

1871 年 1 月 28 日签订了停战协议，1871 年 5 月 10 日签订了法兰克福协定，法国向德国割让了阿尔萨斯和洛林地区的五个省。直到 1918 年第一次世界大战结束以后，阿尔萨斯和洛林才又回归法国。

维克多·雨果曾嘲笑拿破仑三世，给他起了个绰号"渺小的拿破仑"。

· 第一次世界大战（1914—1918 年）

这段历史太长了，大家也比较熟悉，我就不多啰唆了。

· 第三共和国（1870—1940 年，共有 14 位总统）

梯也尔，1871 年到 1873 年担任第一届总统，1873 年被暗杀。

勒布朗，1932 年到 1940 年担任第十四届也是最后一届总统。

第三共和国延续了 69 年，直到第二次世界大战爆发。

· 法兰西国（1940—1944 年）

第二次世界大战期间，法国被纳粹德国占领。希特勒允许贝当元帅成立法国傀儡政府。

这个时期的法国不叫"法兰西共和国"，而是"法兰西国"，贝当元帅为国家元首，拉瓦尔为政府总理。

1944 年 5 月 8 日，勒克莱克元帅指挥的法国第二装甲师与巴顿将军指挥的美国部队一起解放了巴黎，戴高乐将军进入了首都。

· 临时政府（1944—1946 年）

第二次世界大战胜利后，戴高乐将军成立了新政府，但是仍然沿用以前的宪法。

· 第四共和国（1947—1958 年）

尽管重新修订了宪法，第四共和国与第三共和国还是太相似了，完全是一场政治灾难。

在 12 年内，一共产生了 20 届政府，以至于最后发生了"政变"。

第一任总统是樊尚·奥里奥尔（1947 年—1954 年），勒内·科蒂（1954—1958 年）是第二任也是最后一任总统。

这个共和国完全无法治理，总理们接二连三地辞职。最后只好请戴高乐将军出山来收拾局面。

· 第五共和国

科蒂总统辞职后，1958 年 10 月 4 日，戴高乐将军制定了一部新的宪法，并且成为法兰西共和国第 18 任总统（在位时间长达 10 年 3 个月零 20 天）。

乔治·蓬皮杜担任了第 19 任总统，从 1964 年 6 月 20 日直到 1974 年 4 月 2 日他去世。蓬皮杜原来是洛希尔银行的行长，戴高乐将军在 1962 年 4 月 14 日任命他为政府总理。1969 年 6 月 20 日他当选为第 19 任总统，并于 1974 年 4 月 2 日在任上病逝。

瓦莱利·吉斯卡尔·德斯坦，第 20 任总统，任职时间从 1974 年 5 月 27 日到 1981 年 5 月 21 日。

　　弗朗索瓦·密特朗，第21任总统，任职时间从1981年5月21日到1995年5月17日。

　　雅克·希拉克，第22任总统，任职时间从1995年5月17日到2007年5月16日。

　　尼古拉·萨科齐，第23任总统，任职时间从2007年5月16日到2012年5月15日。

　　弗朗索瓦·奥朗德，第24任总统，任职时间从2012年5月15日到2017年5月15日。

　　埃马纽埃尔·马克龙，第25任总统，任职时间从2017年5月15日至今。

关于我

我于 1931 年 3 月 22 日出生在巴黎，第二次世界大战爆发时我刚刚 8 岁，被送到乡下的祖父母家里。父亲被征召入伍，母亲在巴黎工作，每两周的星期天她会来看我一次。

德军入侵后，我们全家推着小推车徒步逃难，逃难的过程中还遭到过意大利飞机的扫射。在步行了 300 多公里后，我们逃到了伊奥省，在那里被一个德国坦克师拦住，德国人命令我们返回出发地。

我们家的房子一部分被德军征用，德国军官占据了三间卧室。我在当地的小学上学，逐渐适应了乡下的生活。

我很喜欢这种生活，慢慢理解和掌握了牲畜饲养、耕种等农民的各种劳动，也熟悉了农场的各种动物。

我完全变成了一个年轻的农民，学会了驾驭马匹，用长柄镰刀割草、给母牛挤奶、砍伐树木等。那是一段十分快乐的时光。

所以，我在见到毛泽东主席的时候，谈论的都是农民的话题，双方都谈得非常开心。

联合国工业发展组织曾经任命我为中国、东南亚地区的项目负责人，主要管理农业和食品加工业。

如今，我已 90 岁高龄了，仍然能够回忆起土地的气息，以及被清晨露水打湿的树林的气息。

我认为法国人的真正财富是内在的，是对自己乡土的深深眷恋而产生的力量。

雅克·温明登

2021 年 6 月

图书在版编目（CIP）数据

我在中国的长征 / （法）雅克·温明登 著；
彭未，蔡景瑞 译 . —北京：东方出版社，2021.9
（"外国学者看中国"系列丛书）
ISBN 978-7-5207-2339-8

Ⅰ.①我… Ⅱ.①雅…②彭…③蔡… Ⅲ.①中国经济－经济发展－研究②社会发展－研
究－中国 Ⅳ.① F124 ② D668

中国版本图书馆 CIP 数据核字（2021）第 158508 号

中文简体字版专有权属东方出版社
著作权合同登记号 图字：01-2021-4300号

我在中国的长征

（WO ZAI ZHONGGUO DE CHANGZHENG）

作　　者：[法] 雅克·温明登
译　　者：彭　未　蔡景瑞
策　　划：吴常春
责任编辑：王丽娜　徐洪坤
责任审校：谷轶波
出　　版：东方出版社
发　　行：人民东方出版传媒有限公司
地　　址：北京市西城区北三环中路 6 号
邮　　编：100120
印　　刷：北京联兴盛业印刷股份有限公司
版　　次：2021 年 9 月第 1 版
印　　次：2021 年 9 月第 1 次印刷
开　　本：875 毫米 ×1270 毫米　1/32
印　　张：6.5
字　　数：130 千字
书　　号：ISBN 978-7-5207-2339-8
定　　价：68.00 元
发行电话：（010）85924663　85924644　85924641